Twilight Dreams

Vahan Teryan

ՄԹՆՇԱՂԻ ԱՆՈՒՐՋՆԵՐ

ՎԱՀԱՆ ՏԵՐՅԱՆ

Մթնշաղի անուրջներ

© Հնդեվրոպական Հրատարակչություն, 2014

Հրատարակված է Ամերիկայի Միացյալ Նահանգներում:

Կապ՝

IndoEuropeanPublishing@gmail.com

ISNB: 978-1-60444-820-7

ՄԹՆՇԱՂԻ ԱՆՈՒՐՋՆԵՐ

1903-1908

ԷԼԵԳԻԱ

Մեռնում է օրը: Իջավ թափանցիկ
Մութի մանվածը դաշտերի վրա.
Խաղաղ-անչար է, պայծառ գեղեցիկ,
Անտրտունջ նինջը մահացող օրվա...
Պարզ ջրի վրա եղեգը հանդարտ
Անդողդոջ կանգնած էլ չի շշնջում,
Լռին խոկում են երկինք, գետ ու արտ,
Եվ ոչ մի շարժում, ու ոչ մի հնչյուն...
Ես կանգնած եմ լուռ, անչար է հոգիս,
Թախիծս խաղաղ անուրջի նման.
Էլ չեմ անիծում ցավերը կյանքիս,
Էլ չեմ տրտնջում վիճակիս ունայն...

ԱՆԾԱՆՈԹ ԱՂՋԿԱՆ

Լույսն էր մեռնում, օրը մթնում.
Մութը տնից տուն էր մտնում.
Ես տեսա քեզ իմ ճամփի մոտ,
Իմ մտերի՛մ, իմ անծանո՛թ:
Աղբյուրն անուշ հեքիաթի պես
Իր լույս երգով ժպտում էր մեզ.
Դու մոտեցար մեղմ, համրաքայլ,
Որպես քնքուշ իրիկվա փայլ:

Անակնկալ բախտի նըման,
Հայտնվեցիր պայծառ-անձայն.
Անջատվեցինք համր ու հանդարտ,
Կյանքի ճամփին մի ակնթա՛րթ...

ԵՐԳ

Կուրծքը հեւ առած, հավքից թեւ առած,— ե՞րբ կըգա նա.
Իմ սրտում սառած այս աշունը թաց — ե՞րբ կըգնա նա:
Իմ թախծոտ հոգին, ցավըս անմեկին կամոքե՞ նա,
Իմ հիվանդ կրծքին, իմ արնոտ վերքին կըմոտենա՞...
Իմ թախծոտ հոգին, ցավըս անմեկին կամոքե՞ նա,
Որ սիրտս ցաված, հոգիս բեզարած հանգստանա:

* * *

Արդյոք կապրե՞ս սիրտըս մաշող կարոտը հեզ...
Չարտասանված, սրտում թաղված երազներըս աստեղաշող
Արդյոք կապրե՞ս...
Արդյոք կըզգա՞ս սիրտըս այրող սերը երազ...
Այն խոսքերը, այն երգերը, որ քեզ ասել ես չեմ կարող.
Արդյոք կըզգա՞ս...

ՀՐԱԺԵՇՏ

Դու գնում ես՝ չգիտեմ ուր,
Լուռ ու տխուր,

Հեզ գունատվող աստղի նըման։
Ես գնում եմ տրտում-մենակ,
Անժամանակ
Ծաղկից ընկած թերթի նըման։
Դու գնում ես՝ չգիտեմ ուր,
Սրտակըտուր
Լացըդ պահած իմ հայացքից։
Ես գնում եմ լուռ անտրտում,
Բայց իմ սրտում
Ցավ է անվերջ, մահո՜ւ կսկիծ...

ՑՆՈՐՔ

Նա ուներ խորունկ երկնագույն աչքեր,
Քնքուշ ու տրտում, որպես իրիկուն.
Նա մի անծանոթ երկրի աղջիկ էր,
Որ աղոթքի պես ապրեց իմ հոգում։
Նրա ժպիտը մեղմ էր ու դողդոջ,
Որպես լուսնյակի ժպիտը տխուր.
Նա չուներ խոցող թովչանքը կնոջ.—
Նա մոտենում էր որպես քաղցր քույր...
Իմ հուշերի մեջ ամենից պայծառ,
Իմ լքված սրտի լուսե հանգրվան,
Քո՛ւյր իմ, դու չըկաս, քո՛ւյր իմ դու մեռար,
Ու քեզ հետ հոգուս լույսերը մեռան...

ՎԻՇԻ ԵԶԵՐՔԻՆ

Ունկնդիր եղա հողմի խենթ երգին,
— Անամոք ցավի սրտմաշո՛ւկ նվագ.

Կանգնած եմ մռայլ վիհի եզերքին,
— Տրտում է հոգիս, հիվանդ ու մենակ...
Անվերջ մի ցավ է իմ սիրտը ճնշում,
— Ես մոռացել եմ արեւի ուղին.
Անուրջ օրերի լույսը չեմ հիշում,
— Ինձ ո՞վ է մատնել այս մառախուղին...
Ունկնդիր եղա հողմի խենթ երգին.
— Ես էլ եմ ուզում հեկեկալ անհագ.
Կանգնած եմ մռայլ վիհի եզերքին,
— Տրտում է հոգիս, հիվանդ ու մենակ...

* * *

Իմ գերեզմանին դուք չըմոտենաք,
Հարկավոր չէ ինձ ո՛չ ծաղիկ, ո՛չ սուգ.
Հանկարծ կզարթնի ջերմ լալու փափագ,
Սիրտս չի գտնի ոչ մի արտասուք:
Իմ գերեզմանը թող լինի հեռվում,
Ուր մահացել են շշուկ, երգ ու ձայն.
Թող շուրջըս փռվի անանց լռություն,
Թող ինձ չըհիշեն, թող ինձ մոռանան:
Իմ գերեզմանին դուք չըմոտենաք,
Թողեք, որ հանգչի իմ սիրտը հոգնած,
Թողեք, որ լինեմ հեռավոր, մենակ,—
Չըզգամ, որ կա սե՛ր, եւ ցնորք, եւ լա՛ց...

* * *

Չարտասանված տխուր խոսքեր,
Որ դողում եք անպատասխան,

Ես սիրում եմ ձեզ, տխուր խոսքեր,
Ձեր թրթիռը կախարդական:
Խենթ հուզումի անուշ խոսքեր,
Պաղ մարդոցից խորը պահված,
Անջատման պես տխուր խոսքեր,
Հոգուս լույսեր մթնշաղվա՛ծ...
Դուք այրում եք, սիրո խոսքեր,
Կարոտիս պես սիրտըս մորմոք
Ձեզ չի զգվի, տխուր խոսքեր,
Ցուրտ աշխարհում ո՛չ ոք, ո՛չ ոք...
Չարտասանված տխուր խոսքեր,
Դուք չեք մեռել, դուք չե՛ք մեռնի,
Դուք այրում եք, սիրո խոսքեր,
Որպես խայթը սեւ եղեռնի...

* * *

Ես սիրում եմ քո մեղավոր աչքերը խոր,
Գիշերի պես խորհրդավոր.
Քո մեղավոր, խորհրդավոր աչքերը մութ,
Որպես թովիչ իրիկնամուտ:
Քո աչքերի անծայր ծովում մեղքն է դողում,
Որպես գարնան մթնշաղում:
Քո աչքերում կա մի քնքուշ բախտի վերհուշ,
Արբեցումի ոսկե մշուշ:
Մոլորվածին անխոս կանչող փարոսի շող,
Քո աչքերը հոգի տանջող:
Ես սիրում եմ զգվող-անգութ աչքերըդ մութ,
Որպես գարնան իրիկնամուտ:

***

Քո աչքերի դեմ իմ աչքերը՝ կույր,
Կա քո հոգու մեջ անթափանց մի մութ,
Քո մութ հայացքում կա մի քնքուշ սուտ՝
Քեզ միշտ թաքցնող մի նուրբ վարագույր...
Փակ են քո սրտի հեռուներն իմ դեմ,
Հավետ քեզ կապված՝ քեզ օտար եմ ես.
Երբ խենթ խնդությամբ փայփայում եմ քեզ՝
Ե՛վ սիրում եմ քեզ, և՛ քեզ չըգիտեմ:
Փակ են քո սրտի հեռուներն իմ դեմ,
Քո աչքերի դեմ իմ աչքերը՝ կույր.
Քո հոգու վըրա կա մի վարագույր,—
Ո՞վ ես դու, ո՞վ ես,— բնավ չըգիտեմ...

ՄԹՆՇԱՂ

Ես սիրում եմ մթնշաղը նրբակերտ,
Երբ ամեն ինչ երազում է հոգու հետ,
Երբ ամեն ինչ, խորհրդավոր ու խոհուն,
Ցրնորում է կապույտ մութի աշխարհում...
Չըկա ոչ մի սահման դնող պայծառ շող,
Աղմուկի բեռ, մարդկային դեմք սիրտ մաշող.—
Հիվանդ սիրտըդ չի՛ տրտնջում, չի՛ ցավում,
Որպես երազ մոռացումի անձավում.
Եվ թվում է, որ անեզր է ամեն ինչ —
Ու ողջ կյա՛նքդ — մի անսահման քաղցր նինջ...

ԱՂՈԹՔ

Քո պայծառ գահի անհաս բարձունքից
Մի՛ մերժիր սրտիս աղոթքը անբիծ ...
ՍԱՖՈ

Ես ընկա անդունդները խավար,
— Իմ ցնո՛րք, նորից քեզ եմ կանչում.
Մոռացա ուղիներըս պայծառ,
Իմ սրտում դառը մութն է շնչում:
Դու անմութ աշխարհում ես ապրում,
Հիշի՛ր դու խավարում տանջվողին,
Քո սրտում արևներ են վառվում,
Արևիր սև կլանքիս մութ ուղին:
Հավիտյան ինձ քո սերն է այրում,
Դու լուսե՛ղ ... Ինձ խավարն է ճնշում:
Ես մեռնում եմ այս մութ վիհերում...
Հեռավո՛ր, քեզնից չեմ տրտնջում...

ՇԻՐԱԿԻ ԴԱՇՏԵՐԻՑ

Աստղերն են ժպտում լուսեղեն նազով,
Խաղաղ դաշտերը մութն է համբուրում.
— Ես կախարդված եմ միշտ նույն երազով,
Միշտ նույն ցնորքն է իմ սիրտը այրում:
Մոտեցած երկնից աստղերը պայծառ
Ժպտում են խաղաղ քո աչքերի պես.—
— Իմ լքված սրտի կարոտը անծայր
Ամեն ինչի մեջ որոնում է քեզ...

* * *

Եվ մոռացված և անմոռաց հեքիաթներ,
Լույս հնչյուններ, որ դողում են աշխարհում,
Քնքուշ աստղեր, որ վառվում են ու մարում.
— Կյա՛նքս, նա էլ մի լուսեղեն հեքիաթ էր...
Ճառագայթներ, որ շողացին ու չկան,
Մթնշաղի ուրվագծեր նրբահյուս.
Կյա՛նքս, հեռվում անհայտ կորած մի հեզ լույս,
Որ չի վառում ո՛չ անցյալը, ո՛չ ներկան:
Հեռածավալ անհայտներում պահված
Գալիք օրերն անհուն, անտես խավարում.
— Կյանքս հավետ քեզ անծանոթ տաճարում
Կանթեղի պես առկայծում է քո դիմաց...

* * *

Ինձ թաղեք, երբ կարմիր վերջալույսն է մարում.
Երբ տխուր զգվանքով արեգակը մեռնող
Սարերի արծաթե կատարներն է վառում,
Երբ մթնում կորչում են ծով ու հող...
Ինձ թաղեք, երբ տխուր մթնշաղն է իջնում,
Երբ լռում են օրվա աղմուկները զվարթ,
Երբ շողերն են մեռնում, ծաղիկները — ննջում,
Երբ մթնում կորչում են լեռ ու արտ:
Իմ շիրմին դալկացող ծաղիկներ ցանեցեք,
Որ խաղաղ ու հանդարտ մահանան.
Ինձ անլաց թաղեցեք, ինձ անխոս թաղեցեք.
Լռությո՛ւն, լռությո՛ւն, լռություն անսահման...

ԿԱՐՈՏ

Իմ անվերջ ճամփի տանջանքից հոգնած՝
Ես ննջել էի ոսկեղեն արտում.
Ու ճչաց սիրտըս վայելքից անկարծ
— Թվաց որ մեկը կանչում է տրտում...
Եվ ես արթնացա խնդության ցավից .—
Գիշերվա հովն էր լալիս դաշտերում,
Մութ հեռաստանն էր դժկամ նայում ինձ,
Մենակությունն էր քարի պես լռում...

ԱՆՋԱՏՄԱՆ ԵՐԳ

Դու անհոգ նայեցիր իմ վրա
Ու անցար քո խաղով կանացի.
Ես քեզնից դառնացած հեռացա,
Ես քեզնից հեռացա ու լացի...
Իմ հոգին ծովերում անծանոթ —
Մենավոր ու մոլոր մի նավակ,
Մատնեցի փոթորկին աղմկոտ,
Հուսաբեկ, թողած ղեկ ու թիակ...
Ինձ հեռվից լույս փարոս չի կանչում,
Չի ժպտում ինձ խաղաղ հանգրվան.
Միայն հողմն է տխուր շառաչում,
Անթափանց մեգ-մշուշ է միայն...

ՏԽՈՒՐ ՋՐՈՒՅՑ

Կապույտ երկնքի ոսկեղեն աստղե՛ր,
Ձեր հեռվից դուք միշտ տեսնում եք նրան.

Ասացե՛ք, արդյոք նա էլ թախծո՞ւմ էր,
Արդյոք տրտո՞ւմ էր նա էլ ինձ նըման:
Խորհրդագետնե՛ր, դուք տեսնում եք միշտ.—
Արդյոք մենա՞կ էր նա էլ ինձ նըման,
Թե ընկեր գտած ժպտում էր անվիշտ,
Ե՛վ փայփայում էր, և՛ սիրում նրան:
Խորհրդագետներ, դուք ժպտում եք լուռ,
Դուք լուռ ժպտում եք իմ ցավի վըրա.—
Նա քեզ մոռացած՝ վաղուց ամենուր
Ծաղրում է քո խենթ խոսքերը հիմա...

* * *

Որպես ծաղիկն է անխոս գունատվում
Ցուրտ շըվաքի մեջ արևից հեռի,
Այնպես թող սերը մեռնի իմ սրտում,
Որ քաղցր կյանքիդ տխրանք չբերի...
Ես լուռ կթաղեմ իմ ցավը միակ,
Զվարթ կժպտամ բախտավորի պես,—
Երբեք չեմ բանա սրտիս մութը փակ,
Երբեք չեմ հայտնի իմ տանջանքը քեզ.
Որ պայծառ ժպտաս կյանքի երեսին,
Որ ոչ մի տրտունջ սիրտդ չհուզե,
Որ չըմտորես իմ ցավի մասին,
Որ քո թունավոր խոսքը չըկասե...

* * *

Կա խորհրդավոր մի հըրապուրանք
Քո շարժումների անխոս զրույցում,

Ինչ-որ օձային ինքնահիացում
Եվ դեպի հողը ինչ-որ քամահրանք:
Մի այլ երկրային երաժըշտության
Ելևէջների պչրանքն եմ հիշում,
Քո շարժումները աղոթք են շարժում,
Քո շարժումները և՛ կան, և՛ չըկան...
Երկրում են սնված, բայց ոչ երկրային
Արբեցումներ են նոքա խոստանում,
Մի այլ տանջանքի եդեմ են տանում,
Մատնելով հոգիս չարքերի խաղին...

ՀՐԱԺԵՇՏԻ ԽՈՍՔԵՐԻՑ

Ո՛չ տրտունջ, ո՛չ մրմունջ սգավոր,
Հեռացի՛ր, մոռացի՛ր ինձ հավետ.
Իմ ուղին միշտ մթին, մենավոր,
Կըզնամ իմ դժկամ ցավի հետ:
Իմ ճամփան՝ անվախճան մի գիշեր,
Ինձ շոյող ոչ մի շող չի ժպտա.—
Հեռացի՛ր, մոռացի՛ր, մի՛ հիշիր,
Ինձ այդպես, քրոջ պես մի՛ գթա...
Հուսաբեկ, մութ ու մեգ թող լինի,
Իմ վերև թող արև չըխնդա.
Լոկ երկունք, լոկ արցունք թող լինի,
Ինձ այդպես, քրոջ պես մի՛ գթա...

ՍԵՆՏԻՄԵՆՏԱԼ ԵՐԳ

Արդյոք հիշո՞ւմ ես. անտառ էր, առու...
Հեքիաթի պես էր — երազի նման.

Խաղաղ երեկոն խոսում էր անձայն,
Արդյոք հիշո՞ւմ ես. — հեռո՜ւ էր, հեռո՜ւ...
Արդյոք հիշո՞ւմ ես. երկիրը պայծառ
Ժպտում էր սիրով հավիտենական.
Գարունն էր երգում ձայնով դյութական,
Արդյոք հիշո՞ւմ ես. առու էր, անտառ...
Արդյոք հիշո՞ւմ ես. գիշերն էր գալու,
Հեքիաթի պես էր... Անտառ էր, առու...
Արդյոք հիշո՞ւմ ես. հեռո՜ւ էր, հեռո՜ւ
Կյա՜նք, տխուր հովիտ, հավիտյան լալու...

14 ՏՈՂ

Արդյոք նորից երազնե՞րն են թափառում,
Միրո անուշ նվագնե՞րն են ինձ կանչում.
— Դալուկ աշնան տխուր շողերն են մարում,
Սարից իջնող աղբյուրներն են կարկաչում:
Ես լսում եմ հիացմունքի մի շշուկ,
Արդյոք դո՞ւ ես նորից հոդիս մեղմ հուզում.
— Այն գիշերն է, այն հուշերն են տրտմաշուք,
Այն աստղերն են ցուրտ երկնքում երազում:
Ես ընկած եմ անծայր դաշտում միայնակ,
Երազնե՜րս, երազնե՜րս, որ անցան.
Արդյոք դո՞ւ ես գիշերի պե<ս հերարձակ,
Գիշերի պես խորհրդավոր, դյութական.
— Դալուկ աշնան մերկ անտառն է շառաչում,
Լույս հուշերի վտակներն են կարկաչում...

***

Դժկամ նայում են ժայռերը խոժոռ,
Տխուր խաղում են ալիքները ժիր. —
Ընդունիր հոգիս մոլոր, մենավոր,—
Վերջին աղոթքիս խոսքը մի՛ մերժիր:
Սողում են դանդաղ օրերը անծիր,
Կորած է մթնում մոլոր իմ ուղին.—
Քնքուշ խոսքերով թախիծըս ցրիր,
Անխոս ամոքիր ցաված իմ հոգին:
Մի անմեռ ցավ կա երկրում այս տխուր,
Մի ցուրտ, հոգեմաշ հուսահատություն
Կործըրած հավետ և՛ երազ, և՛ հուր,
Ես վերջին անգամ քե՛զ եմ աղոթում:
Դժկամ նայում են ժայռերը խոժոռ.
Տխուր խաղում են ալիքները ժիր.
Փայփայիր սիրտըս հավետ մենավոր,
Վերջին աղոթքիս խոսքը մի՛ մերժիր...

ՍՈՆԵՏ

Կյանքին միշտ օտար, մահից վախեցող —
Ես շրջում էի այս գունատ երկրում,
Ուր չկար ցավի երջանկության ցող
Եվ ոչ չըմեռնող բախտի դառը թույն:
Նա իր կարոտով ու իր ցանկությամբ
Վառվեց իմ ամուլ գոյության վերա —
Քնքուշ, հեռավոր մի հրեղեն ամպ՝
Ես նորան տեսա ու բախտից մեռա...
Նա իր բոցերով այրեց ու գընաց.
Նա բերեց հոգուս մահու քաղցր կյանք,

Ուր հեզ վառվում է հավիտյան անլաց
Անմեռ տրտմության մի պայծառ տանջանք,—
Մի պաղ քարացում աղոթքի կանգնած,
Մի վայելքհուշի չըմեռնող արբանք...

* * *

Միրտըս ցավում է անցած գնացած
Օրերիս համար.
— Մեկը շշուկով պատմում է կամաց
Մեկը իմ հոգին տանջում է համառ:

Այդ հուշերի մեջ կա մի քաղցր ցավ.
Մի թռվիչ երազ.
— Մեկը իմ սիրտը փշրելով անցավ
Ու հեզնությունով նայում է վրաս:
Սակայն չեմ կարող ես նրան ատել —
Սիրում եմ նրան.
— Իմ կյանքը մի նուրբ մշուշ է պատել,
Գուրգուրում է ինձ մի լույս խանգրվան...
Մեկը իմ սիրտը փշրելով անցավ.
Օ՛, քաղցր արբանք:
— Օրհնըված եք դուք, սեր, ցընորք ու ցավ,
Օրհնըված եք դուք, երկիր, երգ ու կյանք...

* * *

Քո մազերի ցնորական փայլը պայծառ,
Ժայռից իջնող ջրվեժի պես առատահոս,

Քո աչքերի խորությունը հրդեհավառ,
Ուր վառված են մութ ցանկության ջահեր անխոս
Քո ժպիտը թունոտ ծաղկանց բույրի նըման,
Որ տիրաբար արբեցնելով մահ է բերում,
Քո խենթ մարմնի սարսուռները երջանկության
Ախտաբորբոք արևներ են բոցավառում...
Թույլ տուր սուզվեմ քո աչքերի անդունդը մութ,
Թույլ տուր ծծեմ քո մազերի բուրմունքն անուշ,
Բորբոքիր ինձ քո հույզերով քաղցր ու անզուսպ,
Մարիր իմ մեջ, մարիր իմ մեջ ցընորք ու հուշ...

* * *

Տխուր մեռան կապուտաչյա
Երազները երկնաշող.—
Գագաթներից ես ցած իջա
Անդունդները սիրտ մաշող...
Էլ ոչ մի թև ինձ, չի տանի
Դեպի բարձունքն արծաթյա.
— Խենթ անկումիս զերեզմանի
Խավարներում ինձ գթա՛ ...
Ցուրտ է դարձյալ, մութ՝ իմ ուղին,
Սրտումս մահ և աշուն
Մոռացել եմ ես ամենքին,
Միայն քեզ եմ ես հիշում...
Միայն ք՛եզ եմ ես աղոթում,
Քո հրաշքին անպատիր. —
Հայտնըվի՛ր սև անապատում —
Ամոքիր ու ազատվիր...

ԷՄՏՈՆԱԿԱՆ ԵՐԳ

Երբ կրհոգնես, կըգազազես աշխարհից՝
Դարձի՛ր իմ մոտ, վերադարձի՛ր դու նորից.—
Ցաված սիրտըս միայն քեզնով է շնչել՝
Չի կամենալ նա վերըստին քեզ տանջել:
Եթե բախտն ու վայելքները քեզ ժպտան,
Օտար մարդիկ քեզ սիրաբար ողջույն տան
Գուցե ես լավ բախտիդ համար, իմ անգին,
Սակայն դարձի՛ր, վերադարձի՛ր դու կրկին:
Եթե հեռվում ճակատագիրն անհոգի
Սիրտըդ մատնե անկարեկից տանջանքի,
Օ՛, գիտեցի՛ր, իմ հոգին էլ կըցավի
Անմխիթար մորմոքումից քո ցավի...

FATUM

Կախարդական մի շղթա կա երկնքում՝
Աներևույթ, որպես ցավը խոր հոգու.
Իջնում է նա հուշիկ, որպես իրիկուն,
Օղակելով լույս աստղերը մեկմեկու:
Մեղմ գիշերի գեղազանգուր երազում՝
Այն աստղերը, որպես մոմեր սրբազան,
Առկայծում են կարոտագին, երազուն՝
Հավերժաբար իրար կապված և բաժան:
Ես ու դու էլ շղթայված ենք իրարու.
Կարոտավառ երազում ենք միշտ իրար,
Միշտ իրար հետ, բայց միշտ բաժան և հեռու,
Աստղերի պես և՛ հարազատ, և՛ օտար...

ԱՇՆԱՆ ԵՐԳ

Ցրտահա՛ր, հողմավա՛ր.
Դողացին մեղմաբար
Տերևները դե դին,
Պատեցին իմ ուղին...
Ճաճանչները թոշնան...
Կանաչներիս աշնան —
Իմ խոհերը մոլար՝
Ցրտահա՛ր, հողմավա՛ր...
Կրակներըս անցան,
Ցուրտ ու մեգ է միայն.
Անուրջներըս երկնածին
Գնացի՛ն, գնացի՛ն...

ԱՇՆԱՆ ՄԵՂԵԴԻ

Աշուն է, անձրև... Ստվերներն անձև
Դողում են դանդաղ... Պաղ, միապաղաղ
Անձրև՛ ու անձրև ...
Սիրտըս տանջում է ինչ-որ անուրախ
Անհանգստություն...
Սպասիր, լսիր, ես չեմ կամենում
Անցած լույսերից, անցած հույզերից
Տառապել կրկին.
Նայիր, ա՛խ, նայիր, ցավում է նորից
Իմ հիվանդ հոգին...
Անձրև է, աշուն... Ինչո՞ւ ես հիշում,
Հեռացած ընկեր, մոռացած ընկեր,
Ինչո՞ւ ես հիշում.
Դու այնտեղ էիր, այն աղմկահեր

Կյանքի մշուշում...
Դու կյա՛նքն ես տեսել, դու կյա՛նքն ես հիշում —
Ոսկե տեսիլնե՛ր, անուրջների լո՛ւյս...
Ես ցուրտ մշուշում.
Իմ հոգու համար չկա արշալույս —
Անձրև՛ է, աշո՛ւն...

ԼՈՒՍՆՈՏ

Հմայված լուսնի շողերովն արծաթ.
Սրտում փայելով անսովոր մի տենչ,
Ուրվականորեն շրջում է անվերջ
Տարորեն լռին լուսնոտը գունատ:
Լուսնի շողերը թովիչ-խուսափող
Ստվերիդ նման և՛ հեռու, և՛ մոտ.
Ես մի լուսնահա՛ր, ես մի խենթ լուսնո՛տ,
Դու ցո՛լք, դու ցնո՛րք հավիտյան խաբող:
Իմ մեջ սառել է հիվանդ մի կարոտ
Եվ չըգտնելու տանջանքը մաշող.
Ես մի լուսնահա՛ր, դու լուսնկա՛ շող,
Դու հավերժաբար և՛ հեռու, և՛ մոտ...

ՀՐԱՇՔ-ԱՂՋԻԿ

Հրաշք-աղջիկ, գիշերների թագուհի,
Ճառագայթող քո աչքերով դու եկար,
Ոսկե բոցով լցրիր հոգին իմ տկար,
Հրաշք-աղջիկ, ցնորքների դիցուհի...
Կախարդ լուսնի հրապուրող շողի պես

Դու ժպտացիր զուրգուրանքով սեթևեթ,
Ազատ սիրտըս շղթայեցիր առհավետ,
Հրաշք-աղջիկ, դո՛ւ, միշտ հաղթող ու միշտ հեզ:
Դու մի ցավոտ հիացումի երգ գիտես,
Քո ժպիտում կա խորհուրդի մի փայլանք,
Քո աչքերում կա մի անանց զմայլանք.
Դու չըմեռնող մի վայելքի խոսք գիտես...
Հրաշք-աղջիկ, անհայտ երկրի մանուշակ,
Գիշերային արեգակի ճառագայթ,—
Դու իջնում ես՝ կարող, որպես մահու խայթ,
Քնքուշ, որպես անդարձ բախտի հիշատակ...

ՑԱՆԿՈՒԹՅՈՒՆ

Քո հայացքը մոգական
Բորբոքում է քաղցր դող,—
Պարուրիր ինձ կուսական
Հուզումներով քո դյութող:
Ինձ փաթաթիր որպես ամպ՝
Մութ աչքերըդ մեղմ փակիր,
Ժպտա՛ կրքոտ բերկրությամբ,
Անցավ կյանքըս խորտակիր...
Արյունոտիր շուրթերն իմ,
Սիրտս խայթիր՝ ծիծաղիր.
Թո՛ղ աչքերս հեզ մեռնին,
Կյանքս մարիր ու փախիր:
Քո հայացքը մոգական
Բորբոքում է քաղցր դող, —
Պարուրիր ինձ կուսական
Հուզումներով քո գռութող...

***

Օտար երկնքի կամարների տակ
Երազիս տեսա մի չքնաղ աղջիկ.
Ես՝ մի աղքատ մարդ մոլորաշրջիկ,
Նա՝ երկնից թռած լուսե հրեշտակ...
Ես ընկած էի օտար աշխարհում,
Անարև երկնի կամարների տակ,
Մեկը փայլում էր իմ սիրտը մենակ
Եվ իմ մութ հոգում լույսեր էր վառում:
Մեղմ ու սիրագին ժպտում էր նա ինձ
Օտար կողմերում, լայն ճամփի վրա,
Ես լսում էի խոսքերը նրա
Եվ անուշ լալիս իմ անուրջ բախտից...

ԱՇՈՒՆ

Դալուկ դաշտեր, մերկ անտառ...
— Մահացողի տըխո՜ւր կյանք...
Անձրև, քամի, սև կամար...
— Սրտակտուր հեկեկանք:
Միզում շողաց մի ցուրտ լույս.
— Օ՜, արդյոք կա՞ վերադարձ.—
Մահացողի անզոր հույս,
Վիատ սրտի տխուր հարց...
Անուժ ցավի ցուրտ կապար...
Մահացողի տխուր կյանք.
— Անմխիթա՜ր, անսպա՜ռ
Վհատության հեկեկանք...

* * *

Խաղաղ գիշերով դու կըզաս ինձ մոտ,
Քնքուշ ձեռներըդ ես կրհամբուրեմ ,
Կըցրեմ կյանքի հուշերը ցավոտ
Ու հեքիաթային լույսեր կվառեմ...
Երկար մազերդ կարձակես ազատ,
Հիվանդ գլուխըդ կըդնես կրծքիս
Կըլինես քնքո՛ւշ, մոտի՛կ, հարազատ,—
Անուշ խոսքերով կըդյութես հոգիս...
Պայծառ աշխարհում կըլինենք մենակ,
Ցավ կյանքի մեռնող լույսերից խաբված,
Կերազենք անհուշ, անվերջ ու անհագ,—
Հեքիաթ աշխարհում առհավետ կապված...

* * *

Դու քնած ես քո տաքուկ անկողնում
Եվ արև բախտի երազ ես տեսնում
Դուրսը բքաբեր քամին է տռնում,
Դուռ ու լուսամուտ ձյունով է լցնում...
Դու քնած ես քո տաքուկ սենյակում,
Իսկ ես ցուրտ ձմռան բուք ու հողմի մեջ
Խենթ հեկեկանքով դռներն եմ թակում,
Քո փակ դռները անվերջ ու անվերջ:
Դու ինձ չես տեսնում լուսե երազում,
Դու ինձ չես լսում ձմռան փոթորկում,
Ես մութ գիշերում քե՛զ եմ երազում,
Բուք ու հողմերում ես քե՛ղ եմ երգում...

***

Սև գիշերն իջավ իր անհայտ գահից
Եվ մութով լցրեց երկինք ու գետին
Խավարեց հեռվում փարոսը հետին.—
Սասանում եմ ես ջրերի ահից։
Շողում են, դողում աղմուկով զվարթ,
Անխոս քարանում ու նորից խաղում,
Անդունդից ելնում, դեմքիս ծիծաղում,
Խուլ շառաչում են — լարում են թակարդ...
Նավը ճեղքում է ջրի հայելին,
Իր ցուրտ աչքերով ծովն է նայում ինձ,
Կտրված եմ ես երկնից ու հողից —
Իր թելն է մանում անխուսափելին։
Գերի է նավըս անակնկալին.
Մութով կտրված երկնից ու հողից...

ԻՐԻԿՆԱԺԱՄ

Շուտով կըլռե աղմուկը դաժան,
Ու սիրտըս կզգա քայլերդ փափուկ.
Դու նորից կիջնես, նուրբ իրիկնաժամ,
Քո խաղաղ մ ութով զգվող-խուսափուկ։
Տխուր թևերըդ անձայն կըփռես,
Կըզգրկես հողը կանացի նազով,
Երկնքում անուրջ աստղեր կըվառես,
Կըլցնես հոգիս անուշ երազով։
Ցուրտ ցերեկներից հավիտյան դժգոհ՝
Սիրտս կարոտ է քո զգվանքներին.
Դու ինձ չես խաբում, քնքուշ երեկո,
Անուշ երեկո, մեղմ ու մտերիմ...

Կընստեմ անվերջ, կընստեմ մենակ,
Դու կըփարվես ինձ թևերով ճկուն,
Քնքուշ կըզգվես հույս ու հիշատակ,
Կըպարզես մեղմիկ ցոլքըդ իմ հոգուն:

* * *

Թովիչ քնքշությամբ հանգչող աշխարհում
Երեկոն վառեց լույսեր դժգունակ.
Մութը հյուսում է տրտմության ժանյակ,
Ծաղիկներն անուշ բույր են բուրվառում.
— Իմ սիրտը տրտո՛ւմ, իմ սիրտը մենա՛կ...
Մեռած լուսնյակը, մենակ ու աղոտ,
Սփռում է շուրջը իր շողերը ցուրտ.
Հավետ լռում է մի տխուր խորհուրդ,
Վառվում է հավետ մի անանց կարոտ
— Մի՛րտ իմ ցնորող, սի՛րտ իմ անհագուրդ...
Տխուր ու մենակ լուսնյակն է վառվում,—
Իմ սիրտն է լալիս մենակ ու ցավոտ.
Լուսնյակն արևի ըստվերն է աղոտ,
Արևի ցոլքն է լուսնյակը տրտում.
— Փառքիդ ստվե՛րն է իմ կյանքը կարոտ:

* * *

Երբ պայծառ օրըդ տխուր կըմթնի,
Եվ սիրտըդ կայրե թունավոր կասկած,
Վհատ սոսկումի տանջանքով կըզգաս,
Որ որոնածըդ բնավ չես գտնի...
Բայց դու կըգնաս, օ՛, դու չես կանգնի,

Վերջին լույսերը մեղմ կվախճանեն,
Վերջին հույսերդ կըդավաճանեն, —
Դու որոնածըդ բնավ չես գտնի...
Եվ երբ չի մնա ոչ մի հույս զաղտնի,
Միրտըդ կըճչա, արդյոք ո՞ւր ես, կա՞ս,
Հողը կըգրկես և կըհեկեկաս. —
Ո՛չ,— կարձագանքվի,— բնավ չես գտնի...

14 ՏՈՂ

Մանկուց ընտրեցի ճամփորդական ցուպ,
Թողի հայրենի տնակըս ավեր,—
Ահա ես հիմա մի մոլոր ասուպ,
Ես կույր եմ հիմա, մռայլ ու անսեր:
Պայծառ ըղձերը ինձ զուր մաշեցին,
Չըողջունեց ինձ ոչ մի արշալույս,
Ինձ լուռ մոռացան, ինձ չըհիշեցին,—
Իմ սրտում մեռան սեր, ցնորք ու հույս:
Ես կույր եմ հիմա, անբախտ ու մենակ —
Հավերժում կորած մի մոլոր ասուպ.
Սահում է կյանքը հյուսելով ժանյակ,
Անցնում եմ վիհեր, լեռներ երկնահուպ,
Ինձ համար չըկա ժամ ու ժամանակ,
Ես մի մոլորված, մի տխուր ասուպ...

ԱՇՆԱՆ ՏՐՏՄՈՒԹՅՈՒՆ

Il pleure dans mon cœur
Comme il pleut sur la vil e...
Paul Verlaine

Կրկին իմ հոգում
Իջավ մշուշոտ, արցունք անձրևող
Տրտում իրիկուն.
Իմ սրտում անցավ
Մահացող ծաղկանց բույրը ցավ բերող,
Համբույրը խոնավ.
Կրկին պաղ միգում
Ամպոտ երկինքը մեռած լույսերի
Թաղումն է սգում:
Հողմը սրարշավ
Հոգուս դալկացած ծաղիկ հույսերի
Թերթերը տարավ...
Անջատման ցավոտ
Զայներ դողացին ու հեզ դալկացան
Հեռվում անծանոթ.
Կըրակներն անձայն
Լացող ամպերի միգում անսահման
Թոշնեցի՛ն, անցա՛ն.
Անձրևն անընդհատ
Մաղում է վհատ թաղումի կոծով,—
Տխուր, հուսահատ...
Իմ հոգու մեջ է՛ լ
Աշուն է իջել անամոք լացով,
Իմ հոգու մեջ է՛ լ...

ՀԻՎԱՆԴ

Քնքուշ երազով պաճուճիր հոգիս,
Նստիր մահճիս մոտ ու տխուր երգիր,
Մազերըդ փռիր հոգնատանջ կրծքիս
Ու մեղմ փայփայիր սիրտըս տարագիր:
Օտար դաշտերի անանց մշուշում

Տըխուր լռության գիշերն է իջել —
Իմ սիրտը հավետ թախիծն է մաշում,
Մի լուսե երգ է իմ հոգում ննջել...
Քո պայծառ զահից մեղմորեն իջիր,
Մազերըդ փռիր հոգնատանջ կրծքիս,
Անուշ երազով սիրտըս պաճուճիր,
Ցնորք հուշերով ամոքիր հոգիս...

ԹԱՓԱՌԱԿԱՆ

Նորից կըթողնեմ քաղաքն աղմկոտ
Ու ճամփա կընկնեմ հավետ միայնակ.
Անխոս կըմարի երեկոն աղոտ,
Կըպառկեմ դաշտում կանաչ ծառի տակ:
Կըմոռնամ հեռվի աղմուկը ահեղ,
Կզգամ համբույրը ուրիշ օրերի,
Լույս երազների գիշերը շքեղ
Սրտիս անծանոթ վայելք կբերի...
Հեռավոր մարդոց ցավերը կզգամ,
Կարկաչող ջրի լացը կըլսեմ.
Հողը կըգրկեմ, ջերմ կըհեկեկամ,
Վառ աստղերի հետ անուշ կերազեմ:
Անտուն անցորդից կըխնդրեմ ես հաց,
Պայծառ աղբյուրի ջուրը կըխմեմ,
Լայն երկնքի տակ հաշտ ու սրտաբաց
Քնքուշ ծաղկանց հետ խաղաղ կըքնեմ...

ՁՄՌԱՆ ԳԻՇԵՐ

Ձմռան գիշերն է մեղմորեն ընկնում
Եվ մեծ քաղաքի դեմքը մշուշում.—
Ես դուրս եմ գալիս, փողոց եմ գնում
Եվ երկա՛ր, երկա՛ր մայթերն եմ մաշում:
Բարձր տների պատուհաններում
Պայծառ լույսերը հանգչում են մեկ-մեկ.
Ես արդեն ոչինչ չեմ մտաբերում,
Ինձ համար չկա այսօր ու երեկ:
Կես գիշերն անցավ... Ես տուն չեմ գնում.
Երկար, անդադար մայթերն եմ մաշում.
Շրջում եմ անվերջ, երբեք չեմ հոգնում,
Ոչինչ չեմ հիշում, ոչինչ չեմ հիշում...
Լապտերը միգում մաղում է պաղ բոց,
Ես աննպատակ շրջում եմ անվերջ.
Ես լուռ անցնում եմ փողոցից փողոց
Ու մեղմ լալիս եմ ցուրտ մշուշի մեջ:

* * *

Սև գիշերն է գրկել ինձ, մութն է պատել լիմ ուղին,
Քեզ եմ կանչում ես նորից, իմ հեռավո՛ր, իմ անգին...
Ես մոլորված մի կրակ, ես անհաստատ մի հոսանք,
Վիհե՛ր, վիհե՛ր անհատակ — տրտմություն ու ափսոսանք:

Օտար, երկիր, օտար հող, թախիծով լի երազներ,
Անրջանքներ մեղմ մարող, անվերադարձ հիացքներ:
Քաղցր է մութը քո գրկում, լույսը սև է առանց քեզ.
Այնպե՛ս մեղմ ես դու զգվում, դու լուսեղեն ես այնպե՛ս:

Դու իջնում ես որպես հուշ, որպես ուրիշ կյանքի լույս,
Քո հայացքում կա անուշ մեղմություն ու արշալույս:
Մև գիշերն է գրկել ինձ, մութն է պատել իմ ուղին,
Քեզ եմ կանչում ես նորից, իմ հեռավո՛ր, իմ .անգին...

ՀՈՒՇԵՐԻ ԵՐԿՐՈՒՄ

Կյանքը լռում է, աղմուկը մեռնում.
Մի անծանոթ ձեռք նուրբ մթնշաղում
Անցյալն ու ներկան իրար է խառնում,
Իմ սրտում ոսկե անձրև է մաղում:
Մի քնքուշ լույս կա իմ հոգու համար —
Ամեն ինչ ունի չըմեռնող մի կյանք,
Կա խորհրդավոր, դյութող մի խավար,
Ուր բախտից քաղցր են տրտունջ ու տխրանք:
Մի քաղցրը վիշտ կա անդարձ անցածում,
Վերհուշերի մեջ — մի անսուտ դրախտ,
Մի անանց վայելք, անխաբ հիացում —
Կյանքից գեղեցիկ ցնորական բախտ...

* * *

Հեռավոր, անել լեռնազագաթներ,
Պայծառ արևի զահեր հիասքանչ,
Միրտըս մեռնում է, լեռնազագաթներ,
Ներքևում նիրհող դաշտերում կանաչ:
Իմ երազները ձեր գիրկն են թռչում —
Բա՛րձր, դեպի վե՛ր, արեգակին մոտ,
Ուր խենթ բոցերի խուրձեր դողդոջուն

Լուռ դալկանում են երկնում անաղոտ:
Հեռո՜ւ, օ՜, հեռո՜ւ այս ունայնաշունչ
Տխուր դաշտերից, հանդարտ ու անկյանք.—
Գրկի՜ր ինձ, անել զազաթների շունչ,
Սիրտըս բորբոքի՜ր, բարձրության բերկրանք:
Թող իմ աչքերը լույսից կուրանան,
Թող սիրտըս լցվի արևի բոցով.
— Օ՜, երջանկություն անել բարձրության,
— Լուսեղեն երկնի անեզրական ծո՜վ...

ՏԽՐՈՒԹՅՈՒՆ

Սահուն քայլերով, աննշմար, որպես քնքուշ մութի թև,
Մի ըստվեր անցավ ծաղիկ ու կանաչ մեղմիկ շոյելով.
Իրիկնաժամին թփերն օրորող հովի պես թեթև
Մի ուրու անցավ, մի գունատ աղջիկ ճերմակ շորերով...
Արձակ դաշտերի ամայության մեջ նա մեղմ շշնջաց,
Կարծես թե սիրո քնքուշ խոսք ասաց նիրհող դաշտերին.—
Ծաղիկների մեջ այդ անուրջ կույսի շշուկը մնաց
Եվ ծաղիկները այդ սուրբ շշուկով իմ սիրտը լցրին...

* * *

Սարի ետևում շողերը մեռան.
Անուշ դաշտերը պատեց կապույտ մեգ.
Տխուր երեկոն զարկել է վրան.
— Սիրտըս կարոտով կանչում է քեզ՝ ե՜կ:
Խորհրդավոր է երկինքն երազուն.

Վարսաթա՛փ ուռի, դողդոջո՛ւն եղեգ.
Արծաթ խոսքերով աղբյուրն է խոսում.
—Միրտըս կարոտով կանչում է քեզ՝ ե՛կ:
Ծաղիկներն ահա քնքուշ փակվեցին,
Բացվեցին երկնի ծաղիկներն անհաս.
Ման տագնապները իմ սիրտը չցրին.
— Արդյոք ո՞ւր ես դու, իմ անուշ երազ:
Միրտ իմ, այդ ո՞ւմն ես դու իզուր կանչում,
Տե՛ս՝ գիշերն անցավ, աստղերը մեռան,
Մենավոր իմ սիրտ, մոլորված թռչուն,
Կարոտիդ կանչը չի հասնի նրան...

* * *

Բյուր մարդոց մեջ,
Պաղ մարդոց մեջ,
Որպես տրտում
Անապատում —
Մենությո՛ւն,
Մենությո՛ւն...
Ախ, այս տրտում,
Երկրի ցրտում
Անլուր ընկան,
Անխոս հանգան
Երկնքի հուշ
Երգերս անուշ:
Եվ իմ հոգում,
Ցուրտ ու միգում,
Խինդը մեռավ,
Բախտը մարավ
Անվերադարձ,
Անվերադա՛րձ...

* * *

Դու դեռ չես մեռել իմ հիվանդ սրտում,
Դու դեռ ապրում ես երազի նման.
— Բայց չէ՞ որ միշտ էլ երազ էր միայն
Պայծառ պատկերըդ այս անապատում...
Ես քեզ սիրում եմ, դու դեռ չես մեռել
Ես ամենուրեք քե՛զ եմ որոնում.
Դու, երազների լուսե օրրանում՝
Անո՛ւրջ, որ գուցե բնավ չես եղել...
Քեզ իմ կարոտի կսկիծն է վառել
Երազանքներում իմ նվիրական.
Իմ քույր, իմ դահիճ, իմ սուրբ սիրեկան,
Ես քեզ սիրում եմ, դու դեռ չես մեռել...

* * *

Ես անջատված եմ հայրենի հողից,
Հայրենի տունըս՝ իմ սրտին օտար.
Ինձ այրում է միշտ մի անհագ թախիծ,—
Հավիտյան դյութող անհայտ ճանապարհ...
Հուզվում են, հոսում հեղեղները մեծ,
Մագլցում վերև և թավալվում ցած,
Զմրուխտե ջրեր, ձեզ ո՞վ վրդովեց,
Հայրենական տուն, հավետ մոռացված...
Միևնույն է ինձ Հյուսիս թե Հարավ,—
Մի խենթ տագնապ կա իմ հիվանդ սրտում,
Կա իմ հոգու մեջ մի անհագ ծարավ.
— Հավիտյան օտար, հայրենակա՛ն տո՛ւն.

* * *

Անանց կարոտն է իմ սիրտը տանջում,
—Արդյոք ո՞ւր ես դու, արդյոք ո՞ւր ես դու.
Քո անուշ ձայնն է հնչում ու կանչում,
— Բայց դու անհաս ես, հավիտյան հեռու...
Ելնում եմ դարձյալ անվերջ ճանապարհ,
—Կըժպտա՞ս արդյոք, լուսեղեն երազ.
Կըցրե՞ս սրտիս թախիծը խավար,
Կընետե՞ս անուշ ցոլքերըդ վրաս...
Թափառում եմ ու կարոտով կանչում,
— Արդյոք կգտնե՞մ աշխարհում անհուն.—
Բոլոր խոսքերում քո ձայնն է հնչում,
— Բայց անհայտ ես դու, դու չունես անուն...

ԵՐԵԿՈ

Երեկոն փըռեց իր թևերը մութ,
Անուշ նիրհեցին երկինք ու երկիր.—
Աչքերըդ փակիր, ինձ քնքուշ գրկիր,
Սուտ կյանքին խառնիր երազանքը սուտ:
Լայն ըստվերները ընկան անաղմուկ,
Անուշ նիրհեցին ծով, անտառ ու լեռ...
Ես քեզ կըպատմեմ ոսկե հեքիաթներ,
Իմ սիրուն մանուկ, իմ քնքուշ մանուկ...
Կրծքիս դիր դեմքը քո տխրադալուկ,
Մոռացիր կյանքի տառապանքը մութ,
Սուտ կյանքին խառնիր երազանքը սուտ,
Իմ սիրուն մանուկ, իմ քնքուշ մանուկ...
Անուշ նիրհեցին ծով, անտառ ու լեռ,
Ննջեցին անուշ երկինք ու երկիր.

Աչքերդ փակիր, ինձ քնքուշ գրկիր,
Ես քեզ կըպատմեմ ոսկե հեքիաթներ...

* * *

Ես չըգիտեմ՝ ո՛ւր են տանում հեռավոր
Ուղիների ժապավեններն անհամար,
Ես նստում եմ ճամփի վրա ամեն օր
Ե՛վ աղոթում, և՛ թախծում եմ քեզ համար:
Եվ իմ մոլոր ուղիներում, ո՛վ գիտե,
Գուցե մի օր դու երևաս լուսերես.
Գուցե ժպտաս քո խոսքերով արծաթե
Եվ մութ սրտիս նոր խնդության լույս բերես:
Օձանըման ոլորումով հեռախույս
Ինձ կանչում են ուղիները բյուրավոր.
Արդյոք ո՞ւր ես, խորհրդավոր արշալույս,
Հանդիպումի երջանկության պայծառ օր...

* * *

Իմ մոլոր ճամփին դու անկարծ իջար
Քո գիշերային մեղմաշունչ մութով
Եվ զարդարեցիր քո անուշ սուտով
Իմ տըխուր կյանքի մշուշը խավար:
Մինչդեռ ձայնըդ հնչեց մութերում
Աղբյուրի նըման զվարթակարկաչ.
Գարնան խոսքերով կարմիր ու կանաչ
Դու ինձ կանչեցիր դեպի քո հեռուն:
Ուրիշ ափերի թովիչ ձայնի պես,

Քո շարժումները ուրվականային
Ստվերապաճույճ իրիկնապահին
Շղթայեցին ինձ օղակով անտես...
Իրար ձուլվեցին իմ մեջ մահ ու կյանք,
Հոգիս մատնեցի քո մառախուղին,
Ընդմիշտ օրհնեցի անհաստատ ուղին,
Ուր փարոսում ես դո՛ւ, քաղցր պատրանք...

ԴԱՐՁ

Մի օր առհավետ կյանքս կանիծեմ
Ու զունատ հույսի քայլերով տարտամ
Կըգտնեմ ուղին հեռավոր քո տան
Եվ թույլ ձեռներով դուռըդ կըծեծեմ:
Տըխուր կըժպտաս դու հոգնածորեն
Ու հոգնածորեն դուռը կըբանաս —
Սրտիս մութ ցավը անխոս կիմանաս,
Եվ արցունքներըդ հանդարտ կըծորեն:
Եվ գթությունը քո քրոջական
Սիրտըս կըլցնե խնդության լուսով,
Քո սուրբ, ծնկները կըգրկեմ հուսով,
Եվ կըհեկեկամ, և կըհեկեկամ...

* * *

Մոռանա՛լ, մոռանա՛լ ամեն ինչ,
Ամենին մոռանալ.
Չըսիրել, չըխորհել, չափս՛ոսալ —
Հեռանա՛լ...

Այս տանջող, այս ճնշող ցավի մեջ,
Գիշերում այս անշող
Արդյոք կա՞ իրիկվա մոռացման,
Մոռացման ոսկե շող...
Մի վայրկյան ամենից հեռանալ,
Ամենին մոռանալ.—
Խավարում, ցավերում քարանալ
Մեն-միայն...
Մոռանալ, մոռանալ ամեն ինչ,
Ամենին մոռանա՛լ...
Չըսիրել, չըտենչալ, չըկանչել,
Հեռանալ...

ԳԱՐՈՒՆ

Գարունը այնքա՛ն ծաղիկ է վառել,
Գարունը այնպե՛ս պայծառ է կրկին.
— Ուզում եմ մեկին քնքշորեն սիրել,
Ուզում եմ անուշ փայփայել մեկին։
Այնպե՛ս զգվող է երեկոն անափ,
Ծաղիկներն այնպես նազով են փակվում.
— Շուրջըս վառված է մի անուշ տագնապ,
Մի նոր հուզում է սիրտըս մրրկում...
Անտես զանգերի կարկաչն եմ լսում,
Իմ բացված սրտում հնչում է մի երգ.
—Կարծես թե մեկը ինձ է երազում,
Կարծես կանչում է ինձ մի քնքուշ ձեռք...

***

Ես կըգամ, երբ դու մենակ կըմնաս
Տրտում իրիկվա ըստվերների տակ,
Երբ դու կըթաղես տենչերըդ խորտակ.
Եվ վհատությամբ երբ կըհեռանաս...
Ես կըգամ, որպես մոռացված մի երգ,
Հյուսված աղոթքից, սիրուց ու ծաղկից.
Քո մեռած սրտում կըլինի թախիծ,
Ես կըկանչեմ քեզ դեպի այլ եզերք։
Ես կըգամ, երբ դու կըլինես տրտում,
Երբ երազներըդ հավետ կըմեռնեն,
Ձեռքըդ կըբռնեմ, ցավըդ կըմբռնեմ,
Կըվառեմ ուրիշ լույսեր քո հոդում...

***

Արծաթ -կարկաչուն
Աղբյուրն է խոսում հավիտենաբար,
Իմ ուղիների հեռվում անկոպար,
Հավիտենաբար
Քո սերն է հնչում։
Անձրևային ե՛րգ —
Աստղերի ուղին մշուշ ծովերում —
Դո՛ւ, իմ հեռավոր որոնումներում,
Մոլորումներում՝
Հայրենի՛ եզերք...
Լույսերը մեռան,—
Մութը սառնաթև գրկեց ամեն ինչ —
Դո՛ւ, մենակ կյանքիս միակ ամոքիչ,
Քնքուշ ու թովիչ
Պայծա՛ռ հանգրվան...

* * *

Ցերեկը լռեց... Երկինքը վառեց ոսկե բուրվառներ,
Լույսերը քնքուշ գրկեցին անուշ երկինք, ծով ու հող.
— Ա՜խ, եթե մեկը իմ հոգին այդ մեղմ լույսերին խառներ
Եվ փայփայեր իմ հոգնատանջ սրտի թախիծը մաշող...
Լքված իմ հոգին տանջում է կրկին տանջանքը մռայլ,
Եվ անուն չունի տանջանքը սրտիս, տենչանքը զաղտնի.
— Ա՜խ, եթե մեկը իմ սրտին նետեր նոր հույսերի փայլ,
Մեղմաբար ասեր, քնքուշ համոզեր, որ նա կըգտնի...

* * *

Մռայլ թաղումի ջահերի նըման
Մեկը աստղերն է վառում տխրությամբ.
Իմ հոգու վրա իջել է մի ամպ,
Իմ սրտի պայծառ ծաղիկներն ընկա՜ն:
Հիվանդ քնքշությամբ երկինք է պարզում.
Մեռնող ծաղիկը իր բույրը վերջին.
Իմ ջերմ աղոթքի խոսքերը չնչին —
Հեռավո՜ր, քեղնից սեր չեն աղերսում:
Իմ սրտում միայն սառած հեկեկանք
Բայց արցունք չըկա իմ սև օրերում.
Մեռնում է սիրտըս անհուն խավարում,
Եվ դու կա՞ս արդյոք, լուսե անրջանք...

* * *

Դյութեցին ինձ քո մազերը ալեծածան
Եվ աչքերիդ խորությունը խորախորհուրդ,

Եվ քո քնքուշ ժպիտների խոսքերն անձայն
Գիշերեցին իմ հոգու մեջ մի քաղցր մութ...
Դյութեցին ինձ իրենց խաղով լուսակարկաչ
Քո խոսքերի զանգակները զվարթաձայն.
Շուրթերըդ — վարդ բոցավառված են իմ առաջ
Ցանկությունով արյունատենչ ու մեղսական:
Մութ ցանկությամբ ես քո կանչող գիրկն եմ ընկնում,
Նետում եմ ցած վեհ բարձունքից հոգիս հպարտ,
Քո գրկում կա սիրուց անուշ մի հիացում,
Քո խավարում — մոռացության մի ակնթարթ...

* * *

Ապրելուց քաղցր է մեռնել քեզ համար,
Զգալ, որ դու կաս և լինել հեռու.
Երկրպագել քեզ առանց սիրվելու,
Երազել միշտ քեզ — լինել քեզ օտար...
Ստվերըդ փնտրել ամեն տեղ, ուր խենթ
Հոգին կարող է թռիչքով չափել.
Անանց կարոտում անվերջ տառապել
Եվ լինել քեզնից բաժանված հավետ...
Ու գերեզմանում սև հողերի տակ
Եվ ոչ մի հուշով սիրտըդ չըտանջել,
Զգալ, որ անցար, և քեզ չըկանչել,
Ու չըխռովել բերկրանքըդ հստակ...

ԿԱՆՉ

Կանչում ես անվերջ
Կապույտ հեռվից,

Շշուկով անուշ
Կանչում ես ինձ:
Թփերն ես շարժում,
Շրշում անուշ
Շշուկով պայծառ
Ու փաղաքուշ...
Անհայտ է ուղին
Քաղցր երկրիդ,
Ուր բախտ է անանց
Անանց ժպիտ:
Ուր ծաղիկ ու երգ
Ուրիշ են, այլ,
Ու անմահական
Փառք է ու փայլ:
Այս իրիկնային
Կապույտ երկրում
Դու ես միշտ շրջում
Ու մեղմ երգում:
Ու կանչում ես միշտ
Անհայտ հեռվից,
Շշուկով անուշ
Կանչում ես ինձ:

* * *

Երբ վարդ ամպերի հրդեհն է դողում,
Իրիկնաժամին նստում եմ մենակ
Կանաչ առվի մոտ, ուռիների տակ,
Ու հոգնած սիրտըս էլ չի դժգոհում:
Անցած օրերի հուշերն եմ թերթում
Եվ խաղաղ սրտով, անխռով-մենակ,
Քնքուշ երգերից հյուսում եմ մանյակ,

Որ պճնեմ սիրով պատկերըդ տրտում:
Եվ իմ մութ կյանքի սներում դժկամ՝
Ես գիտեմ, պիտի ժպտաս, լուսավոր,
Պիտի ողջունես ուղիս հեռավոր.
— Մրբազա՛ն երազ, կարոտալի՛ ժամ...

* * *

Արդյոք ո՞ւր ես դու... Ա՜խ, արդյոք դու ո՞ր
Ճանապարհների հեռուն ես մաշում.
Երջանի՞կ ես, թե՞ լուռ ու մենավոր
Անդարձ օրերի զարունն ես հիշում:
Արդյոք քո սրտում ի՞նչ հույս է փայլում,
Ո՞ր հողն է զգվում քայլերըդ փափուկ,
Ո՞ր ջուրն է արդյոք յուր լույս հայելում
Մեղմով փաղաքշում դեմքըդ խուսափուկ:
Արդյոք խաղա՞ղ է սիրտըդ փոթորկոտ,
Արդյոք անցյալի լույսերը մեռած
Չե՞ն հուզում սիրտըդ, իմ հոգու կարոտ,
Իմ քնքուշ սիրած, իմ անդա՛րձ երազ:

ՄԻՐԱՃԱՐՎԱԾԸ

Դու զնում ես տուն, և դեռ քո վերջին
Խոսքի հնչյունը չի մարել օդում,
Անզոր եմ արդեն այս խենթ կարոտում,
Եվ կամքըս թույլ է, և միտքըս չնչին:
Խենթացած բեռից այս չար մենության,
Ես դուրս եմ վազում քեզ որոնելու,

Տեսնելու ցոլքըդ զերթ հեռվից-հեռու
Եվ հսկելու քեզ ըստվերի նըման...
Այս մութ ժխորում իմ սիրտն է մաշում
Մենակությունը հավիտյան խոցող,
Անցնում եմ արագ ես ձեր փողոցով
Եվ խենթ մշուշում ոչինչ չեմ հիշում:
Ձեր դռան առաջ կանգնում եմ երկար,—
Գուցե դու հանկարծ «պատահմամբ» դուրս գաս,
Կարոտըս, գուցե, դու հանկարծ զգաս
Եվ հասկանաս իմ հուզումը տխուր:
Սակայն ուզում եմ, որ ինձ չըտեսնես,
Չըգիտեմ ինչո՛ւ ձեր զանգն եմ տալիս,
Փախչում եմ... փախչում... և հեռանալիս
Փառաբանում եմ, օրհներգում եմ քեզ...

ԱՆԱՆՈՒՆ ՍԵՐ

Իմաստուն խոսքեր սովորեցի ես,
Որ հրապուրեմ զորությամբ մթին,
Հոգիդ կախարդեմ ու հմայեմ քեզ,
Ինձ այրող հուրը նետեմ քո սրտին:
Բայց բոլոր խոսքերն իզուր են արդեն,
Թալիսմաններըՙ մեռած և անուժ,
Հըմայք և դյութանք անզոր են քո դեմ...
— Արդյոք ո՞վ գիտե անունըդ անուշ...

* * *

Իմ խաղաղ երեկոն է հիմա
Մեղմալույս, և՛ տխուր, և՛ անուշ.

Քեզ երբեք սիրտըս չի մոռանա,
Իմ մաքո՛ւր, առաջին իմ անուրջ...
Տարիներ, տարիներ կըսահեն,
Կըմեռնեն երազները բոլոր —
Քո պատ՛կերը անեղծ կըպահեմ
Օրերում անհաստատ ու մոլոր։
Ե՛վ տանջանք, և՛ բեկում, և՛ թախիծ —
Սև օրեր ես դեռ շա՛տ կըտեսնեմ.
Անունըդ թող փարոս լինի ինձ
Սուտ կյանքի և դառը մահու դեմ...

* * *

Հեռու ես անհաս, իմ լուսե երազ,
Բայց քեզ է սիրտըս փայփայում թաքուն,
Փռված է լույսըդ շուրջըս և վրաս,
Անհուն աշխարհում և իմ հեզ հոգում։
Քո հեռու երկրի ուղին չըգիտեմ.—
Գուցե ես ինքըս ստեղծել եմ քեզ,
Աստվածացրել եմ, որ քեզ աղոթեմ,
Հըրամայել եմ, որ վրաս իշխես։
Եվ քաղցր է լինել քո կամքի գերին,
Քո չարությունը բարիք համարել —
Կրծքաբաց ելնել ընդդեմ քո սրին
Եվ այդ մահաբեր ձեռքը համբուրել...

* * *

Հեռու երկրի լուսե հովտում
Օրերն ուրիշ երգ են հյուսում.

Կյանքից հոգնած սիրտըս տրտում
Այն երկիրն է միշտ երազում...
Խաղաղությունն այն հեռանիստ,
Ուր մի ուրիշ արևի փայլ
Ծավալում է անանց հանգիստ
Եվ խնդություն մի անայլայլ,
Մի խնդություն մաքուր և խոր,
Ե՛վ անեզերք և՛ անվախճան,
Ուր քո սիրտը որբ ու մոլոր
Գրկում է մի ոսկե շրջան...

ՀԻՆ ՊԱՐՏԻԶՈՒՄ

Այսօր նորից պարտիզում
Շրջում էի և հիշում
Քեզ արթմնի երազում,
Ոսկի, ոսկի մշուշում...
Դու քո հեռու հեռավոր
Անհայտ երկրում արդյոք ինձ
Մտաբերո՞ւմ ես այսօր
Այն ոսկեղեն աշխարհից: —
Հիշո՞ւմ ես դու ակացիան
Եվ պարտեզը իրիկվա
Հանգիպումը մայիսյան
Պատանու և աղջկա:
Եվ սենյակը ամփոփիկ
Եվ տնակը հեռավոր,
Գաղտնիքները մեր փոքրիկ,
Սակայն քա՛ղցր, սակայն խո՛ր
Հիշո՞ւմ ես դու այն արագ
Ժամերը, երբ ես ու դու
Նստում էինք անկրակ.—

Դյութանք սրտի՛ և հոգո՛ւ։
Եվ խավարում, խավարում
Հիշո՞ւմ ես ջերմ շուրթերի
Հանդիպումը հրահրուն,—
Հուզմունքն արբած սրտերի...
Եվ պարտիզում մեր անուշ
Տեսակցությունն այն գիշեր,
Կիսախավարը քնքուշ.–
Ցնորակա՛ն իմ հուշեր...

***

Կրկին հնչում է թունավոր լեզուդ
Եվ քո խոսքերի նիզակները սուր,
Եվ քո համբույրը, որպես քաղցր սուտ.—
Բախտ են խոստանում իզո՛ւր և իզո՛ւր...
Իմ մեջ մարել է մի լույս արեգակ,
Մահու գիշերն է մթնել իմ հոգում,—
Մի՞թե դու պիտի վառես նոր փափագ,
Մի՞թե դու պիտի հրդեհես հուզում...
Կանգնել ես որպես անհաղթ հրապույր,
Մոտեցար ահա կարող ու խոնարհ,
Մթնում բորբոքվեց մի արնոտ համբույր,
Մեղքի պես թովիչ , ցավի պես խելառ։
Օձեղեն մարմնով փարվել ես կրծքիս,—
Եվ քո ցանկության ահեղ փոթորկում
Անեծք է թափում անկարող հոգիս
Եվ անհ՛ույս ճչում քո թունոտ գրկում...

* * *

Անուշ անուրջով պաճուճիր հոգիս,
Նստիր մահճիս մոտ ու տխուր երգիր,
Մոր պես քնքշաբար մոտեցիր դեմքիս,
Խաղաղ փայփայիր սիրտս տարագիր:
Լայն դաշտերի մեջ դանդաղ մշուշում,
Լքված լռության ծածկոցն է իջել.
Իմ սիրտը հավետ կարոտն է մաշում,
Իմ տխուր հոգում երգերն են ննջել:
Երգի՛ր ինձ համար, երգի՛ր ինձ համար,
Ինձ հեքիաթ ասա, անրջանք բեր ինձ,
Ցրիր քո երգով մռայլ ու համառ
Աշնան գիշերը իմ լքված սրտից:

* * *

Դու շրջում ես ամենուրեք, դու չըկաս,
Աներևույթ դու խոսում ես աշխարհում,
Հանկարծ, անկարծ շշնջում ես, որ կըգաս,
Հըմայում ես, կանչում, կանչում ու լռում.
Քնքուշաբույր ծաղիկների թերթերում,
Հույս դաշտերի խաղաղ նիրհող օվկիանում
Եվ աստղազարդ, խորհրդավոր գիշերում,
Եվ ջրերի արծաթաճաճ օրրանում:
Ամենուրեք մի կարոտ ես դու նետել,
Քո ըստվերն ես փռել անծիր աշխարհում,
Դու ես հյուսում աստղացանցը ոսկեթել,
Գիշեր ու զոր կյանքը դու ես զարդարում:
Եվ աշխարհի ուղիներում ես մոլոր
Թափառում եմ և որոնում տխրադեմ,

Լսում եմ քո ձայնը անուշ-լուսավոր,
Կանչում եմ քեզ, բայց անունդ չգիտեմ:

ԳԱՐՆԱՆԱՄՈՒՏ

Քնքշաբույր ծաղկանց հրեղեն խաղով
Ժպտում են նորից անտառ ու ձորակ,
Եվ հեղեղները խուսուն-սառնորակ
Ողջունում են ինձ զվարթ ծիծաղով:
Զուգել ես նորից դաշտ, անտառ ու լեռ,
Գարո՛ւն, ամեն տեղ նոր կյանք ես վառել
Իմ սրտում էլ ես թևերդ փռել,
Իմ հոգում էլ ես հրդեհել նոր սեր:
Եվ ահա կրկին զվարթ ու ջահել,
Դուրս ելա տխուր մենության բանտից.
Պայծառ աչքերդ ողջունում են ինձ,
Եվ ես չեմ կարող իմ ճիչը պահել:
Բացել ես իմ դեմ ոսկեղեն հեռուն,
Ծաղկել ես սարո՛ւմ, անտառո՛ւմ, արտո՛ւմ,
Ուրիշ երգեր են հնչում իմ սրտում —
Ողջո՛ւյն քեզ, արև, ողջո՛ւյն քեզ, գարուն...

ՓՇԵ ՊՍԱԿ

1905-1908

ԱՂԲՅՈՒՐ

Ալ. Ծատուրյան

Մահու պես դաժան ձմեռն է իջել,
Մարել են, մեռել — երգ, ծաղիկ ու բույր.
Դու քար ցրտում էլ, ձյուների մեջ էլ,
Հավետ կենդանի, կարկաչո՛ւն աղբյուր...

Ժեռ սարի կրծքից դու դուրս ես թռչում,
Սառույցը ճեղքում — զոհարներ ցողում,
Ծաղրանքով ձյունի երեսն ես թրջում,
Մռայլ երկնի դեմ պայծառ ծիծաղում:

Քո՛ մեջ ապրում է հույսը չըմարող...
Դո՛ւ, որպես գալիք գարունների լուր,
Դո՛ւ, որպես սերը՝ մահու դեմ՝ կարող —
Ազատության ե՛րգ, կարկաչո՛ւն աղբյուր...

ԿՅԱՆՔԻ ՈՐԲԵՐԸ

Դալուկ ու կնճռոտ, դեմքերով տխուր,
Կյանքի որբերն են անցնում համրորեն.
Աչքերն անարցունք, շրթունքները լուռ,
Մենակ, դժնադեմ...

Ա՜խ, ես սիրում եմ այդ վշտածրար
Դեմքերը դաժան՝ տառապած մարդոց,
Որ մենակ շավղով օրորում են հար
Նոր արևի բոց....

Կյանքի որբերը.... վշտերով սնված,
Փըշոտ ճամփեքից ոտքերը արնոտ,
Մարդկանցից մերժված, բախտից հալածված,
Ճակատներ կնճռոտ...

Ուրուրների պես մտքերի հետքին
Գնում են անդուլ, գնում են անվերջ —
Անլուր աշխարհի անմիտ անեծքին
Գնում են հավերժ...

Մենակ ոգիներ, մերժված խոսքի պես,
Հոգուս եղբայրներ, սև կյանքի որբեր,
Եկեք իմ գիրկը, գուրգուր եմ ես ձեզ,
Մենակ ոգիներ...

* * *

Свой подвиг ты свершила прежде тела
Безумная душа.

Е. Баратынский

Լուսաբացին նա բարձրացավ կախաղան
(Արևածա'գ, օ՜ , արշալույս արյունոտ):
Կանգնած էին զինվորներն ու քահանան,
Գունատ ու լուռ կանգնած էին նրա մոտ...

Տեր քահանան ոչ մի աղոթք չէր հիշում
(Միրտը նրան շշնջում էր՝ անիծի՛ր),
Լուսածագի ծիրանավառ մշուշում
Ցայտում էին ճաճանչները ցան ու ցիր...

Մըռայլ սպան լուռ շրջում էր աջ ու ձախ
(Արդյոք հիշե՞ց նա իր մորը հեռավոր),
Գունատվում էր սև գիշերը և ուրախ
Արեգակն էր ոսկեզօծում սար ու ձոր...

Լուսաբացին նա բարձրացավ կախաղան
(Արնածա՛գ, օ՛, արշալույս արյունոտ),
Կանգնած էին զինվորներն ու քահանան,
Գունատ ու լուռ կանգնած էին նրա մոտ...

***

Ողջույն քեզ, տանջանք, ահեղ հիացում
Գրկիր իմ սիրտը, քեզ օրհնում եմ ես,
Մանուկ օրերից իմ դուռն ես ծեծում,
Եվ հոժար հոգիս ընդունում է քեզ....

Փռեցեք այստեղ մարմինըս հլու,
Խաչեցեք նորից իմ խոցված հոգին,
Միրտըս բացված է անանց սիրելու
Եվ տառապելու կրկին ու կրկին...

Ո՛վ գերագույն փառք, վերջի՛ն հիացմունք,
Արյունի՛ր սիրտըս քո համբույրներում:
Թափվե՛ք, իմ երգեր, արցունք առ արցունք
Այնտեղ, ուր մարդկանց տանջանքն է լռում...

* * *

Երանի՛ նրանց, որ մութ բանտերում
Եվ չարչարանքում դժնի, որպես մահ,
Մաշե՛ցին այնքան օրեր հրահրուն,
Գերված թշնամուց անսիրտ ու ագահ:
Երանի՛ նրանց, որ սրտով եռուն
Մնացին տոկուն, հպարտ ու. անահ,
Պարզած աչքերը դեպի լույս հեռուն,
Արհամարհեցին և՛ երկունք, և՛ մահ,
Երանի նրանց, և՛ փառք, և՛ օրհնանք...

* * *

Գիշեր ու ցերեկ համաչափ զարկով
Աղմկում եք դուք, պողպատե դներ,
Նետվում եք ներքև, ցատկում դեպի վեր,
Օրորում եք ինձ ձեր ահեղ երգով...

Մանուկ օրերից, սև կամարի տակ,
Ես ձեր երկաթե խոսքերն եմ լսում,
Եվ կարճ քնի մեջ, մռայլ երազում
Հռհռում է ձեր երգը դժնդակ...

Արդյոք ո՞վ հյուսեց ձեր դժկամ լեզուն,
Ո՞վ շղթայեց մեզ ձեր մեռած կամքին,
Մի՛թե վերջ չկա մեր տառապանքին,
Եվ մի՞թե արդեն մենք չենք երազում...

Մեկ ժիր ցատկում եք, մեկ հանդարտ սահում
Չըգիտեք հանգիստ և գութ չըգիտեք,

Գի՞շեր ու ցերեկ, գիշեր ու ցերեկ
Խուլ մռնչում եք, ՛անսիրտ ծիծաղում...

* * *

Լռել են արդեն երգերը հզոր
Ու էլ չեն հնչում խոսքերը հպարտ,
Խավարն է գերել մեր հոգին այսօր
Եվ լռությունը հավետ մահապարտ:

Սև գնդերն ահա կազմել են շարքեր
Արյունված երկրում, ուր երեկ այնպես
Շաչում էիք դուք, հրեղեն երգեր,
Եվ ալեկոծում փողոց ու կրկես:

Դաժան ցնծությամբ թշնամին ահա
Իր սև հաղթության խնջույքն է տոնում,
Հոհռում է մեր տանջանքի վրա,
Արյունով հարբած՝ արյուն է խմում...

Լցված է արդեն բաժակը թունոտ,
Համբերելու ժամն անցել է արդեն.
Ելնե՛նք ճչալու խնդությամբ քինոտ
Ու հպարտ կանգնենք մութ բռնության դեմ:

Այս դառն օրերի մթնում մահաբեր,
Արնոտ խնջույքի այս սև զնդանում
Դավաճա՛ն է նա, ով լռում է դեռ,
Մատնի՛չ է, ով իր սուրը չի հանում...

***

Կանչում են ինձ գիշերն ի բուն, աղաղակում իմ հոգում,
Իմ սրտի մեջ ճիչ են ճչում, իմ սրտի մեջ հեկեկում...

Արշալույսը դեռ չբացված նոքա կըզան՝ կըտանեն
Սվիններով շրջապատած, շղթայակապ ու անզեն։

Ոչ ոք, ոչ ոք չի ճչալու գիշերում այն ահավոր,
Լռելու են համր ու հլու — անարթուն ու խոր...

Արնավո՛ր իմ պատանի, կարմիր է քո հարսնացուն,
Միրտըս քո մոր, սիրտըս քո մոր հեկեկանքով է լեցուն...

Դահիճների մթին խմբում կլինես դու միայնակ,
Եվ ամեն խոսք կըլինի թույն, ամեն ժպիտ՝ մի դանակ...

Ընկերներըդ չեն լսելու գիշերում այս դառն ու խոր,
Մենակ պիտի ընդունես դու Գողգոթան մեր նոր...

Եվ թշնամին պիտի ժպտա դեմքիդ՝ հանգիստ ու անահ,
Միրտըս քեզ հետ, սիրտըս ահա ընդունում է խաչ ու մահ...

Հրահրուն ես և բոցավառ, արնածաղ ալ-բոսոր,
Ո՞ւմ արյամբ ես ներկել կարմիր-կարմիր թևերըդ այսօր...

Շողերից ու ծաղիկներից չեմ հյուսի քեզ, երգ իմ, ո՛չ,
Արյան շիթ է ամեն մի վարդ, արցունք՝ ամեն մի բողբոջ...

ՀՈԿՏԵՄԲԵՐԻՆ

Հեռացի՛ր, աշուն, համրորեն լացող,
Ողջույն քեզ, մրրիկ ահեղաշաչյուն,
Ողջույն քեզ, կռվի առաջին հնչյուն՝
Լույսի պես կարող, խոսքի պես խոցող...
Գրկիր իմ հոգին մարտի ցնծությամբ,
Բորբոքի՛ր սիրտըս, ազատության երգ,
Շողա՛ մռայլում, ըղձալի եզերք,
Որոտա՛, շաչիր, փոթորկավետ ամպ...

ՔԱՂԱՔ

Ձեր շքեղ շենքերի ծանրությամբ սրտմաշուկ,
Ձեր ահեղ բերդերի համրությամբ վերամբարձ,
Քաղաքնե՛ր, ձեր մեջ կա դժոխքի մի շշուկ,
Քաղաքնե՛ր, ձեր բանտից արդյոք կա՞ վերադարձ:
Ե՛վ գիշեր, և՛ ցերեկ հղփացող պաղ կուռքեր,
Զնդաններ ու բուրգեր չարությամբ անողոք,
Քաղաքնե՛ր, ձեր բանտում մեռնում են երգ ու սեր,
Քաղաքնե՛ր, մոռացա ես երգերըս անհոգ...
Դղյակներ, պալատներ կերտելով ոսկեզօծ,
Հեռուները մեռած շենքերի անտառում:
Քաղաքնե՛ր, իմ հոգին ձեր վիհում ալեկոծ,
Քաղաքնե՛ր, իմ հոգին արեգակ է խնդրում...
Կրկնակի զալստյան զանգերն եմ ես լսում,
Հատուցումն է գալիս — ես զգում եմ նորան,
Քաղաքնե՛ր, զարթնում է ահավոր մի ցասում,
Քաղաքնե՛ր, զարթնում են այն մարդիկ, որ մեռան...

ՔԱՂԱՔ

Սև ճիրաններդ, անհաղթ Բաբելոն,
Դու երկարում ես արձակ դաշտերում,
Քո, պաղ շենքերի մութ նկուղներում
Դու, կույր, պահում ես, մի ահեղ ցիկլոն:

Քո ցուրտ լույսերի անխոս խնդությամբ
Դու դաժանորեն նայում ես հեռուն,
Քո պալատների ներքնահարկերում
Դու, խենթ, սնում ես մի պայծառ վիշապ:

Եվ այնտեղ, այնտեղ քո դղյակներում,
Ուր օրգիաների կոշմարն է խոսում,
Քո խնջույքների լպիրշ քառսում —
Ալ-ուրվականն իր դաշույնն է սրում:

* * *

Իմ դուռը բաց է, եկե՛ք բոլոր
Անուղիներըդ, բաց է հոգիս,
Ով թափառում է ուղեմոլոր.
Ում սիրտը չունի քուն ու հանգիստ...
Ում հոգին խոց է, ում օրը՝ մութ,
Ում տխրությունը դառն է ու խոր,
Վառ է իմ բոցը, կանչըս՝ անսուտ,
Եկե՛ք բոլորըդ — որբ ու անզոր:
Ես էլ անգետ եմ, մոլոր ձեզ պես,
Մոլոր ու որբ եմ չարիքի դեմ,
Բայց միշտ ձեզ հետ եմ, եղբայր եմ ձեզ,
Ձեզ պես անզոր եմ, ձեզ պես անզեն:

Հոգիս բացված է ծաղկի նման,
Իմ սերը խորն է և անսպառ,
Չէ՞ որ լոկ սերն է, սերն է վահան,
Եվ սիրտն է, սիրտն է սրտին ասպար...

* * *

Արեգակը հուր ոսկի է մաղում
Արտերիս մաքուր ոսկեծովի մեջ.
— Սի՛րտ, արտերիս պես եղիր միշտ բեղուն,
Արևի նըման հրահիրիր անշեջ...
Եվ որպես վճիտ լճերն են ցոլում
Ցրտում աշնային — մշուշների տակ,
— Դո՛ւ էլ, սի՛րտ, մընա հարության զալուն
Տրտմությամբ անչար, և՛ խոր, և՛ հստակ...
Կանցնեն հուշերըդ — մշուշների պես,
Կըգա խնդություն — խոր ու անարատ,
Կըցրե մեգն ու կըզարդարե քեզ —
Որպես երկիրն իմ — արեգակն առատ...

* * *

Ես ձեզ բերի բարի լուր,
Իմ եղբայրներ, արթնացե՛ք.
Լո՛ւյս է, լո՛ւյս է ամենուր,
Մեռած-քնած, վե՛ր կացեք...
Ձեզ կոչում է անդադար
Նոր միացման մոռացում.
Առվակ, արև ու անտառ

Ձեր երգին են սպասում:
Լույս է, լույս է ամենուր,
Պատանիներ և կույսեր,
Ես ձեզ բերի բարի լուր,
Նոր հիացում, նոր հույսեր.
Շիրիմներից ելեք վեր,
Մահիճներից հեշտանքի
Թևեր առեք, լույս թևեր
Նոր արբունքի, նոր կյանքի:

* * *

Գայլերն են ոռնում... քամին է շաչում...
Կալանավորը նայում է հեռուն —
Մարդիկ լռել են, պատերն են լռում,
Անվերջ ու անվերջ շղթան է հնչում:
Կարծես թե քամին նոցա է կանչում,
Քամին պատմում է նրան մի գաղտնիք,
Գայլերն են ոռնում, լռել են մարդիկ,
Անվերջ ու անվերջ շղթան է հնչում:
Քամին քուն մտած մարդկանց է կանչում,
Ահավոր քամին դռներն է թակում,
Գալարվում, լալիս, անվերջ հեկեկում,
Անվերջ ու անվերջ շղթան է հնչում...
Քնած են մարդիկ, գայլերն են ոռնում,
Քամին է թակում դռները մարդկանց,
Բորբոքիր, վառվիր, ազատության բոց,
Զարթնեցեք, մարդիկ, գայլերն են գոռում...

* * *

Լաց, լաց, իմ մուսա, մարդիկ չլացին
Անհայտ ընկածին...

Օտ՛ար դաշտերում, պաղ կյանքերի մեջ
Ընկնում են անվերջ,

Վաղաժամ մեռնող թերթերի նման
Թափվում են անձայն...

Նոցա արյունից կվառվի մի օր
Վրեժն ահավոր,

Նոցա խոսքերը նորից կըհնչեն,
Կռվի կըկանչեն,...

Կըլինի մի օր՝ զայրույթը կ՛արող,
Երկինք, ծով ու հող...

Լաց,, լաց,, իմ մուսա, մարդիկ չլացին
Անհայտ ընկածին,

Ե՛վ քո երգերում, և՛ տխուր լացում
Կոչիր հատուցում:

ԱՔՍՈՐԱՎԱՅՐՈՒՄ

Լուռ է գիշերը: Սառույց է ու ձյուն...
Պաղ լռությունը մռայլ է ու չար.
— Զարթիր, ըղձալի գարնան շառաչյուն,

— Պայթիր, փոթորիկ, կարող ու պայծառ:
Լուռ է երկիրը: Երկինքը ամպոտ.
Մեկը թախծագին նայում է հեռուն,
Մեկը կանչում է՝ «Զարթի՛ր, առավոտ»,
Ու շղթաներով աղմուկ է հանում...
Ու մի արձագանք... գիշեր է ու ձյուն...
Հանգիստ ննջում է մռայլ շրջական,
— Շողա, վրեժի մահաբեր դաշույն
— Հնչիր, փոթորիկ ժողովրդական...

***

Արևն արթնացավ, արևը մեզ ի՛նչ,
Նա մեզ չի բերում իր շողերը ջինջ,
Մեր վրա մռայլ կամարն է հեզնում,
Անսիրտ մեքենան ելնում ու ընկնում:
Գիշերն է իջնում հեզ ու հանդարտիկ,
Գազանն է ննջում, ննջում են մարդիկ,
Անվերջ կարիքն է մեր դուռը բախում,
Սովից մեր հոգնած սիրտը նվազում:
Անվերջ աշխատիր, տանջվիր անդադար,
Ու աշխատանքըդ ուրիշի համար.
Բավական է, վերջ. մենք էլ չենք ուզում
Միրո երգ, անրջանք, վայելք ու հուզում,
Վեր կաց, իմ ընկեր, վե՛ր կաց,, մուրճըդ առ,
Նոր կյանք, նոր վայելք կռենք մեզ համար...

* * *

Այս պաղ աշխարհում ես տեսա միայն տառապանքի լաց,
Եղբայրների տեղ ես հանդիպեցի չար ոսոխների.
Եվ դորա համար իմ դեմքը երբեք զվարթ չժպտաց,
Եվ դորա համար դաժան խոհերի ես դարձա գերի:
Երբ ես կամեցա ոսկե արևի շողերը գրկել,
Մարդիկ նենգամիտ խոնավ նկուղում ինձ շղթայեցին,
— Ինձ կյանքի քնքուշ գուրգուրանքներից մարդիկ են զրկել,
— Իմ սիրտը մարդիկ անգութ ու մռայլ չարությամբ լցրին:
Ես որոնում եմ ինձ նմաններին — իմ ընկերներին,
Ես որոնում եմ նոցա, որ զրկված, թշվառ են ու խենթ,
— Եկե՛ք, խորտակենք այս կապանքները, որ մարդիկ դրին,
— Եկեք, ձեր սրտում ես կհիրդեհեմ հատուցումի տենդ...

* * *

Արևելքը ալ քող նետեց ուսերին,
Լույսը վառեց կատարները լեռների,
Մնաս բարով ասենք մենք էլ գիշերին,
Ալ շողերը տանենք ներքև — թող վառի...
Ե՛լ, իմ եղբայր, արշալույսի շողի հետ
Ճամփա ընկնենք լույսի երգով կենսավառ,
Տե՛ս, մութ է դեռ ձորի միջին արահետ,
Դեռ նիրհում են ճամփին ձորակ ու անտառ...

ԳԻՇԵՐ ԵՎ ՀՈՒՇԵՐ

1908-1911

Свой подвиг ты свершила прежде тела,
Безумная душа.
Е. Баратынский

ՃԱՄՓԱԲԱԺԱՆ

Կանգնած եմ նորից ահեղ անտառում
Ճանապարհների բաժանումի մոտ.
Հանգչում են վերջին կրակներն աղոտ,
Ու մութն է կրկին իջնում ու փռվում...

Անցած օրերըս շարքերով դալուկ
Շողում են ահա և անհետանում.
Չըգիտեմ կյանքը ինձ ո՞ւր է տանում. —
Ամեն ինչ հարց է, մթին հանելուկ:

Ծեծում են կուրծքըս քամիները բիրտ,
Հազար ձայներով անտառն է խոսում,
Ես ուղիների լաբիրինթոսում,
Եվ ողջը օտար, ողջը խստասիրտ:

Կանգնած եմ նորից ահեղ անտառում
Մութ ուղիների բաժանումի մոտ.
Պարզված է սիրտըս հեռուն ու հեռուն,
Այրում է հոգիս, անհուն մի կարոտ...

ՄՈՌԱՑԱԾ ՈՒՂԻՆ

Հեռու դղյակի քնքուշ թագուհին
Ծաղիկների մեջ, լուսեղեն այգում
Շրջում է և ինձ կանչում է կրկին,
Ցերեկը տրտում, գիշերը անքուն
Հեռու դղյակի քնքուշ թագուհին:

Կար մի դյութական ուրիշ ժամանակ,
Երբ նրա կանչի հըրաշքին հլու՝
Ես թողնում էի օրերըս մենակ
Եվ այս աշխարհից սլանում հեռու...
Կար մի դյութական ուրիշ ժամանակ...

Գինովցած մի այլ կյանքի խնդությամբ՝
Թողնում էի այս վայրերը թառամ,
Սլանում, որպես լուսեղեն մի ամպ,
Եվ փարում նրան, փայփայում նրան,
Գինովցած մի այլ կյանքի խնդությամբ:

Հիմա չգիտեմ այն լուսե ուղին,
Բայց զգում եմ դեռ, զգում եմ՝ ինչպես
Հեռու դղյակի քնքուշ թագուհին
Կանչում է ինձ միշտ, կանչում է, բայց ես
Արդեն չըգիտեմ այն լուսե ուղին...

ԱՇՈՒՆ

Մեգ է, անձրև ու մշուշ
Իմ այգում մերկ,
Դառը թախիծ ու վերհուշ, —
Անվախճան երգ:

Հողմն է լալիս թփերում
Մերկ ու վտիտ.
Ցուրտ է, խավար է հեռուն
Եվ անժպիտ:

Սիրտըս թախծոտ ու խոցոտ,
Հոգիս հիվանդ, —
Ո՞վ արնոտ ու բոցոտ
Կըվառե խանդ:

Տունըս ավեր ու խավար՝
Օրըս անլույս,
Ո՞վ կըվառե ոսկեվառ
Երազ ու հույս....

ՓՈՂՈՑԻ ԵՐԳԸ

Պատուհանիս տակ լալիս է կրկին
Թափառիկ երգչի երգը ցավագին,—
Տխուր այդ երգը վաղուց եմ լսել,
Կարծես թե ե՛ս եմ այդ երգը հյուսել,
Կարծես թե ե՛ս եմ լալիս այդ երգում,
Կարծես թե քե՛զ եմ կարոտով երգում:

* * *

Սև գիշե՛ր, և հուշե՛ր, և խոհե՛ր անհամար,
Մոռացված երազներ՝ շուշաններ թառամած,
Խնդություն հեռացած և՛ անցած, և՛ անդարձ,—
Տրտմություն մենավո՛ր, միաձա՛յն, միալա՛ր...

Մշուշներն են սահում... Մոսավում է ուռին...
Իմ օրեր անհատնում, անխնդում և անտուն.
Ցնորքնե՛ր լուսավառ, ընդունայն, ապարդյուն,
Մոռացված է հավետ արևոտ ձեր ուղին...

Սև խոհեր անսպա՛ռ, անհամա՛ր, անհամա՛ր,
Սև գիշե՛ր, և հուշե՛ր, և հուշե՛ր ընդունայն,
Երազնե՛ր իմ անդարձ — ծաղիկնե՛ր իմ գարնան.
Ի՞նչ կանչով ձեզ կանչեմ, ինչպես լամ ձեզ համար։

* * *

Հնչում է անվերջ աշնան թախիծով
Դաշնամուրն այնտեղ, պատի հետևում.
Հարազատ է ինձ այդ երգը հեծող —
Իմ անանց ցավով մեկն էլ է ցավում։

Աշնան տխրահեծ անձրևի նրման,
Անձրևի նրման լալիս են անվերջ
Այն հնչյունները մեղմ ու միաձայն՝
Պատի հետևում և իմ հոգու մեջ...

ԻՆՔՆՕՐՈՐՈՒՄ

Գիշեր է իջել. լռել են բոլոր
Աղմուկները չար, խոսքերը պատիր
Ջրերը մեղմիվ երգում են օրոր,
— Սիրտ իմ, հանդարտի՛ր...

Հանգչում է վաղուց անտուն ու մոլոր
Թափառականը մեն ու տարագիր,
Աստղերը խմբով երգում են օրոր,
— Միրտ իմ, հանդարտի՛ր...

Լա՛ց վերջին լացըդ, սի՛րտ իմ մենավոր,
Վերջին արցունքըդ — հեկեկա՛, թափի՛ր, —
Երազ, երգ ու սեր, օրո՛ր ու օրո՛ր,
— Միրտ իմ, հանդարտի՛ր...

***

Անվերջ գիշերի մռայլ վիհերում
Իմ մենակ սիրտն է ցավագին ճչում.
Ես մոլորվել եմ այս մութ աշխարհում,
Եվ ինձ խավարից ոչ ոք չի կանչում։

Գիշերն է փռել իր թևերը մութ,
Գիշերն է գերել իմ սիրտը ցաված.—
Որտե՞ղ որոնեմ երջանկության սուտ
Եվ ինչպե՞ս գտնեմ վերադարձի լաց։

Հողմն է հեկեկում անունչ վիհերում,
Օ՜, անհուն գիշեր, քեզ ո՞վ է փռել.
Ինչո՞ւ է շուրջըս աշխարհը լռում,
Ո՞վ է իմ հոգու լույսերը մարել...

ՎԵՐՋԱԼՈՒՅՍԻՆ

Բարակ ամպերը մաղում են ոսկի,
Ջրերը անուշ հեքիաթ են ասում.
Կարոտ է սիրտըս մտերիմ խոսքի,
Հոգնատանջ հոգիս բախտ է երազում...

Լռին դաշտերի հանգիստը խոսուն
Մի հեզ տխրության լույս է ըստվերում.
Խաղաղ ջրերի վճիտ ալմասում
Դողում է ոսկե ամպերի հեռուն:

Եվ իմ սրտի մեջ, այն խավարում էլ,
Մի քաղցր վիշտ է մեղմաբար խոսում.
Մեկը այնտեղ իր հեռուն է վառել,
Որպես երկինքը ջրի ալմասում:

Քո քաղցր վիշտը, սիրտ իմ մենավոր,
Քո վիշտն է փռված անհուն աշխարհում,
Քո սերն է վառված, և՛ պայծառ, և՛ խոր,
Քո խենթ կարոտն է ամեն տեղ լռում...

ՄԻԱՅՆՈՒԹՅՈՒՆ

Տաղտկահնչյուն ու միաձայն օրերն իրենց երգն են երգում.—
Միայնությո՛ւն, դու ես անձայն ցավըս օրրում քո օրրերգում:

Եվ անցյալի խաբեական ցնորքներն են մեղմ օրորվում,
Նոքա անդա՛րձ, նոքա չկա՛ն, նոքա մեռա՛ն հեռու հեռվում:

Վհատումն է հոգիս զրկել, անհուսությունն անհուն փռվել, —
Ի՞նչ խոսքերով, ինչպե՞ս երգել և ի՞նչ սրտով հիմա սիրել:

Էլ ի՞նչ հույսով սիրտըս հուզեմ, ի՞նչ երազով ամոքեմ ինձ
Եվ ո՞ր կողմից բախտ սպասեմ — անվախճան երգ — վիշտ ու թախիծ

Անցե՛ք, հուշեր իմ ապարդյուն, դարձեք ընդմիշտ մոռացված էջ ,
Անհուն փռվիր, սև լռություն, միայնություն իմ հոգու մեջ:

ՀՈԳՆԱԾՈՒԹՅՈՒՆ

Ես մի ճամփորդ եմ մթնում մոլորված,
Ու հոգնած սիրտըս դարձել է խոնարհ.
Չեմ ուզում կանչել ցնորքըս մեռած,
Երազել գալիք ջրերի համար:

Ես չար հոսանքով մղված եմ հեռուն,
Եվ անվերադարձ փակված է ուղին.
Մի որբ մանուկ է հոգիս մոլորուն,
Մատնված մութին և մառախուղին:

Մի անմայր մանուկ, հեկեկանքներից
Հոգնած ու բեկված — ննջել է ուզում.
Մի՛ վրդովեք դուք, մի՛ տանջեք նորից,
Մի՛ տանջեք նորից — հանգչել է ուզում...

ՕՏԱՐՈՒՀՈՒՆ

Դառնություն է լցված ու թախիծ
Քեզ օտար պոետի երգերում,—
Ո՞ր կողմից եկար դու, որտեղի՞ց
Նետեցիր քո նետերն իմ հեռուն։

Մթամած օրերիս տանջանքում
Արեգակ տենչացի, և ահա,
Քո խավարն է փռված իմ հոգում,
Քո զգվանքը, և՛ չար, և՛ ագահ...

Ճչում եմ՝ հեռացի՛ր, բայց արդեն
Քմծիծաղն է ծաղկում քո դեմքին.
Ո՞վ ես դու, որ անզոր եմ քո դեմ
Եվ գերի դիվային քո կամքին...

Դառնություն է լցված և թախիծ
Քեզ օտար պոետի երգերում.—
Ո՞ր կողմից դու եկար, որտեղի՞ց
Նետեցիր քո նետերն իմ հեռուն...

ԱՇՆԱՆ ԳԻՇԵՐ

Չըգիտեմ՝ որտեղի՛ց է գալիս
Ջութակի հեկեկանքը տրտում
Եվ լալիս է անվերջ ու լալիս
Եվ անվերջ ծավալվում իմ սրտում։

Անհույս է այդ երգը, որպես մութ
Գիշերըս, գիշերըս աշունքվա. —

Կարծես՝ սուգ են անում և անգութ
Եվ դառը լալիս են իմ վրա...

Այնքան վիշտ կա անհույս այդ երգում,
Այնքան դառը տանջանք ու թախիծ,
Եվ անվերջ, հավիտյան է երգում,
Հեկեկում այդ երգը այնտեղից.,.

Եվ ձուլված է արդեն իմ հոգուն,
Իմ բոլոր օրերին է ձուլված.
Տրտմություն է իմ շուրջն ու բեկում,
Իմ հոգում է անվերջ սուգ ու լաց...

Ա՜խ, բոլոր կողմերում է թախիծ,
Ամե՜ն տեղ է փռված տրտմություն.
Եվ արդյոք՝ որտեղի՞ց, որտեղի՞ց
Սպասեմ ավետիք ու խնդում...

ԿՈՒՅՐ ԼԻՆԵԼՈՒ ՑԱՆԿՈՒԹՅՈՒՆ

Ես գիտեմ հիմա.— ամենքի նըման
Մի սովորական աղջիկ էիր դու.
Ես էի պճնել փայլով դյութական
Գորշ պատկերը քո կյանքի և հոգու:

Ես էի լցրել տխրությամբ սիրուն
Քո փոքրիկ սրտի դատարկը անգույն,
Լուսավառել իմ ըղձերի հեռուն
Չնչին օրերիդ մանրահոգ կյանքում:

Ու գիտեմ հիմա.— մի սովորական
Աղջիկ էիր դու, նըման ամենքին.—

Ա՜խ, երանի չէր բյուր և բյուր անգամ,
Որ կույր ու անգետ լինեի կրկին:

* * *

Մարդոց ժխորը թողնեմ հեռանամ,
Լիք-լցված սրտով նստեմ միայնակ,
Գրկեմ վարդերըս դալուկ, դժգունակ,—
Մեռնող վարդերըս փայփայեմ ու լամ:

Այս ցուրտ հյուսիսի թախծալի աշնան
Անձրևոտ օրվա մութ երկնքի տակ,
Ամայի դաշտում նստեմ միայնակ,—
Մեռնող հուշերըս փայփայեմ ու լամ...

Անծիր աշխարհի դժկամ ու դաժան
Ուղիների մեջ իմ սերը կորած
Էլ չըորոնեմ: Մթնում մոլորված՝
Դառը խոհերըս գրկեմ, հեկեկամ,
Անվե՜րջ հեկեկամ...

* * *

Գիշեր է և լռություն,
Լռություն է իմ հոգում,
Ոչ անուրջ կա ապրդյուն,
Ոչ սեգ ըղձանք ու խոկում...

Ցուրտ է աշխարհն ու աղոտ.
Աշո՜ւն՝ անձրև՜ ու մշուշ,

Սնավոր են ու ցավոտ,
Ե՛վ մտածում, և՛ վերհուշ...

Դուրս եմ գալիս ես փողոց,
Շրջում անվերջ ու տրտում.—
Բացված է մի թունոտ խոց,
Մի մութ շիրիմ իմ սրտում:

Մի՛ կանչեք ինձ, հույսի նոր
Խոսքերով ինձ մի՛ դյութեք,
Թող իմ կյանքը մենավոր
Պատե անանց մութ ու մեգ...

Համր է երկիրն ինձ համար,
Ե՛վ ցուրտ, և՛ լուռ, և՛ ունայն,
Հոգիս անհույս ու խավար,
Սառը, որպես գերեզման...

Ոչ անուրջ կա ապարդյուն,
Ոչ սեպ. ըղձանք ու խոկում.—
Գիշեր է և լռություն,
Լռություն է իմ հոգում...

ՄԱՀ

Մարիր լույսը մշուշոտ,
Սև հուսերըդ արձակիր,
Դու իմ դահիճ, դու իմ քույր,
Դու իմ ընկեր տարագիր,
Էլ մի՛ կրկնիր, մոռացիր
Խոսքերն անմիտ ու պատիր,—
Լուռ տանջանքով, խավարով

Փայփայիր ու փարատիր...
Փարվի՛ր, փարվի՛ր ինձ ամուր,
Մեղսոտ սիրով սիրիր ինձ,—
Մեխիր սուրըդ կուրծքըս բաց,
Թող թույն լինի և թախիծ:
Արդեն գիշեր, արդեն մութ,
Անանց խավար է արդեն,—
Եղիր հզոր ու անգութ,
Չար ժպիտով էլ իմ դեմ...
Երգի՛ր խավար և անկում,
Ինձ տանջի՛ր և ամոքի՛ր,—
Այրի՛ր սիրտըս, թող լինի
Այնտեղ ավեր ու մոխիր:
Ցուրտ համբույրով համբուրիր,
Այրիր բոցով նրա ցուրտ —
Վերջին սիրով անպատիր,
Անվախճան ու անհագուր՛դ...
Իմ ցավագին աղոթքին
Ունկնդրի՛ր ու երևա՛,
Քո հաղթության ու սիրո
Կնիքը դիր իմ վրա...

ՀԱՅՐԵՆԻՔՈՒՄ

Դանդաղ է քայլում հոգնատանջ իմ ձին,
Եվ տաղտկալի է այս ուղին մոլոր.—
Չըհիշե՛լ, մերժե՛լ տենչերըս բոլոր
Եվ ցնորքներըս, որ ինձ խաբեցին:

Անհուսություն և անվերջ վհատում
Եվ դառնություն է լցված իմ հոգում.

Փռված է խավար, և՛ մահ, և՛ անկում —
Ավերվա՛ծ ես դու, հայրենական տուն...

Որքան էլ գիշերն ահավոր իջնի,
Եվ ուր էլ գնամ՝ գլուխ դնելու
Հարազատ մի հող ես չեմ գտնելու
Սև ճանապարհիս օրերում դժնի:

Տանջանք են ու խոց հուշերըս բոլոր,
Մըտքերըս ամեն — անամոք ցավեր —
Խավար է շուրջըս, և՛ մահ, և՛ ավեր,
Մութով է լցված իմ ուղին մոլոր...

Ու քանի գնում՝ այնքան անհատնո՛ւմ,
Այնքան ցավո՛տ են խոհերըս անհույս,—
Դու չըկաս արդեն, դարձել ես զրույց,
Երազ ես դարձել — հայրենական տուն...

Ա՛հ, այս ցուրտ երկրի անհայտում անհուն
Ընկնել և՛ կորչել, և՛ ննջել հավետ,
Ոչնչանալ ու մոռացվել քեզ հետ,
Ավերված երազ —հայրենական տո՛ւն...

ՑՆՈՐՔ

Ինձ չես սիրում, ուրիշին,
Ուրիշին ես սիրում դու —
Եվ անզոր է ու չնչին
Քո դեմ տանջանքն իմ հոգու:

Դու անցնում ես ամեն օր,
Անցնում՝ ինձ չես նկատում,—

Եվ դարձել եմ ես սովոր
Քամահրանքիդ անհատնում:

Քեզ խոնարհ՝ ամեն անգամ
Գլուխ եմ տալիս խոնարհ,
Բայց ես աղքատ եմ այնքան,
Այնքան թշվառ քեզ համար:

Ամենքինն ես, իմը չես,
Ամենքին ես սիրում դու.
Ա՛խ, ոսկով են գնում քեզ,
Անհաս ցնորք իմ հոգու...

ՀԱՆԴԻՊՈՒՄ

Նուրբ ըստվերները փովում են քնքուշ,
Կապույտ խավարն է երկինքը պատում.—
Անուշ վարդերից մնաց միայն փուշ
Եվ ցնորքներից՝ վիշտ ու փխատում...

Ու մենք ուզեցինք դարձյալ հանդիպել,
Ահա — մեր հոգում խավար է և մահ,
Էլ ի՞նչ երազի պատրանքով խաբվել
Եվ ի՞նչ խոսքերով զրուցել հիմա...

Քո արցունքները թափվում են ահա,
Եվ դառն է լացըդ հուսահատական,—
Քեզ ի՞նչ խոսքերով սփոփեմ հիմա,
Ի՞նչ արցունքներով հիմա հեկեկամ...

ԱՆԴԱՐՁՈՒԹՅՈՒՆ

Մենք բաժանված ենք: Օրերի փոշին
Դեռ չի աղոտել քո դեմքը զուսնատ.
Բայց ես օտար եմ արդեն այն հուշին,
Ուր վեհ էր երազն ու բախտը ժլատ:

Սառն աչքերով եմ նայում ես հեռվում
Մեռած օրերիս ցնորքին հիմա. —
Ուրիշից լսած մի երգ է թվում,
Ու թեև քաղցր է, բայց իմը չէ նա:

Մենք մնաս բարով չասինք իրարու,—
Ի՞նչ կարիք իզուր տանջվել ու տանջել:
Մեզ կյանքը նետեց միմյանցից հեռու,
Եվ մենք չուզեցինք մեկմեկու կանչել:

Տարիներն անցան, և հին օրերին
Նայում եմ ահա անտարբեր սրտով,
Եվ որպես գերին հլու իր բեռին,
Տանում եմ կյանքի օրերն անվրդով:

Էլ ոչ մի կանչի ես ձայն չեմ տալիս
Ու եթե հանկարծ խոսքերըդ հնչեն,
Եթե տեսնեմ քեզ վերադառնալիս,—
Քեզ ինչպե՞ս կանչեմ.— ես այն չե՛մ, այն չե՛մ.

ՏԽՈՒՐ ԵՐԳ

Ցուրտ անձրևն է միգում
Հեկեկում,

Տխրությունն է երգում
Իմ հոգում:

Ապագա, և՛ անցյալ, և՛ ներկա
Խառնվել են իրար
Խավարել են օրերն արևկա.
Եվ խելառ:

Վիճակիս լծի տակ
Օրերում
Ես շրջում եմ մենակ
Ու լռում:

Չեմ հիշում, մոռացել եմ արդեն
Այն խոսքերը բոլոր
Հիմա կույր, հիմա համր եմ քո դեմ
Ու մոլոր...

Ցուրտ անձրևն է միգում
Հեկեկում,
Տխրությունն է երգում
Իմ հոգում...

RESIGNATION

Այսօր զթանք իրարու,—
Խեղճ լինենք ու չամաչենք,
Բախտ չըտենչանք ու հեռու
Տարիները չըհիշենք:

Լռենք միայն մի մեղմող
Լռությունով ու հանգչենք,—

Բանանք սրտներըս մեռնող,—
Որբ լինենք ու չամաչենք:

Սիրենք իրար ու ներենք,—
Չընախատենք մեկմեկու,
Էլ չար սիրով չըսիրենք,
Անչար լինենք ես ու դու:

Այսօր գթանք իրարու,
Այսօր իրար չըտանջենք,
Լինենք անչար ու հլու,—
Հեկեկանք ու չամաչենք...

* * *

Իմ սիրտը միշտ
Մի անանուն
Ցավ է տանջում,

Անանց մի վիշտ
Խորը թաքուն
Եվ անհնչյուն:

Կա մի մորմոք,
Մի վիշտ անհուն,
Որ չի ննջում,

Կա անամոք
Մի տխրություն
Ամեն ինչում...

* * *

Մաշել ես արդեն, մեռել ես հավետ,
Հեռավոր կյանքի երազների բոց,—
Խավարն է գրկել հոգիս ալեկոծ,
Եվ դեպի լույսը չըկա արահետ...

Անդարձ օրերի ցնորական երգ,
Դու վաղ ես լռել իմ ցաված հոգում.—
Ես ինձ եմ թաղում և չեմ հեկեկում. —
Տանջանքի գիշե՜ր — և չըկա եզերք:

Իջել են մթին խոհերը վրաս,
Սառն է հիմա իմ գիշերը անափ,—
Էլ չկա ոչ մի լուսեղեն տագնապ,
Եվ ոչ մի երազ, և ոչ մի երազ...

* * *

Մեղքի մթին քարայրից,
Ուր հսկում ես դու անքուն,—
Մութ ցանկությամբ դյութիր ինձ
Եվ փայփայիր ինձ թաքուն:

Սև գիշերով ինձ կանչիր
Ամայի խուց ու այնտեղ
Հեզ մարմինըս չար տանջիր
Գգվանքներում քո ահեղ:

Եվ մութ խորշում անձավի,
Ուր սարսափ է, ուր սոսկում,—

Արյունահոս թող ցավի
Իմ մարմինը քո գրկում:

Ես քեզ մերժել չեմ կարող,
Ես ամեն ինչ կըտամ քեզ. —
Մն խորհուրդը մեզ գերող
Ես գիտեմ, և դու գիտես...

ԳԻՇԵՐ

Երգում է քամին, լալիս է նորից,
Անհույս ու անվերջ մղկտում է նա. —
Այս մութ գիշերում այնքան կա թախիծ,
Այնքան տրտունջ ու զանգատ կա հիմա:

Իմ դուռն է ծեծում քամին խոլական,
Իմ պատերի տակ հեծում է անվերջ,
Մեղմիվ երգում է մեղեդին լալկան,
Ռռնում ամայի փողոցների մեջ:

Փախչում է հեռուն թռիչքով անտես,
Դառնում է անկարծ ճիչով խելագար,
Աղաբեկում է և կանչում է քեզ,
Հեծկլտում է խե՜ղճ, անզո՜ր ու տկա՜ր...

Եվ անպատմելի ցավով է լցված
Այդ երգը անանց հուսահատության.—
Մթին գիշերում իմ սիրտը խոցված,
Լացը հուսաբեկ ավերված իմ տան...

Երգում է քամին, լալիս է նորից,
Անհույս ու անվերջ մղկտում է նա. —

Այս մութ գիշերում այնքան կա թախիծ,
Այնքան տրտունջ ու զանգատ կա հիմա...

ԴԱՎԱՃԱՆ ՀՈՒՇԵՐ

Անվերջ գիշերիս անամոքական մենակության մեջ.
Հետ կանչեցի քեզ, անդարձ օրերի ցնորոտ երկիր,—
Ուզեցի, որ դու պայծառ ու մաքուր լույսերով անշեջ
Եվ խորհուրդներով դյութես վերստին սիրտըս տարագիր:
Եվ իմ հոգու մեջ ես խենթ կանչեցի, ճչացի փխատ,
Երբ տեսա, ինչպես մեռած օրերի խումբը դժնդակ
Սահեց իմ առաջ, որպես անիծված կյանքի մի հեքիաթ —
Եվ երազածըս թվաց նենգալի, չար և այլանդակ:
Դառը մենության և անհուսության մթին վիհերում
Ես իմ թույլ սիրտը կամեցա քաղցր հուշով ամոքել,
Սակայն մթնել էր, դառն էր և դաժան անցյալի հեռուն.
Լուսեղեն հուշեր, դավաճանել եք ինձ դո՛ւք էլ, դո՛ւք էլ:

ՄԵՂՈՒՋԱ

Անհուսության մեջ, խավար օրերում եկավ նա ինձ մոտ.
Նա ինձ մոտեցավ քնքուշ, փայփայող սիրո խոսքերով,—
Շարժումների մեջ և մութ աչքերում կար մի անծանոթ
Վայելքի խոստում՝ անանց հիացման գաղտնիքով գերող:

Ես հավատացի այն ժպիտներին և այն մեղսական
Փայփայանքները բախտ համարեցի իմ մենության մեջ.—
Շուրջըս գիշեր էր, մռայլ էր շուրջըս իմ հոգու նըման —
Եվ նա էր շողում երազի նըման խավարում անվերջ...

Խենթ հիացումով արբեցի նրա տանջող զգվանքում,
Եվ գիրկը նրա թվաց ինձ եդեմ, մեղքը — սրբազան...
Օ՜, դառը գիշեր, տանջանք ու թախիծ.— իր արնոտ գրկում
Փայփայում էր ինձ և հեհեում էր երկդեմ Մեդուզան:

ԱՇՆԱՆ ԱՌԱՎՈՏԻ ԵՐԳԸ

Այնպես անլույս է այսօր
Առավոտըս լուսացել,—
Սիրտըս հիվանդ ու անզոր
Անլուսությամբ է լցրել...

Մութ է հոգիս հոգնաբեկ,
Թախիծով լի և անհույս.—
Հըրաշքով դու այսօր եկ,
Ժպտա, որպես արշալույս:

Հողմ ու անձրև շարունակ
Իմ լուսամուտն են ծեծում,—
Մի՜ թողնիր ինձ միայնակ
Անսահման այս կսկիծում...

ՄԵՂՄՈՒԹՅՈՒՆ

Այսօր եղիր քրոջ պես —
Անչար, մաքուր և գթոտ,—
Գրկենք իրար ու նստենք,
Նստենք մինչև առավոտ...

Այսօր եղիր որպես մայր —
Բարի, քնքուշ, նրբազգաց,—
Նստիր խաղաղ մահճիս մոտ,
Մութ գիշերին հետըս լաց...

Ամոքիր դու իմ ցաված
Սիրտըս սիրով քո անբիծ,—
Այն մոռացվա՛ծ, մոռացվա՛ծ
Հեքիաթները պատմիր ինձ...

ՀՈՒՇԵՐ

Մենակության մեջ, գիշերում անքուն,
Հիշում եմ կրկին դաշտերը անծայր,
Արտերի ծովը ոսկեղեն, ծփուն —
Երեկոների հանգիստը պայծառ:
Եվ իջնում է մի անսահման թախիծ...
Հիշում եմ նորից օրերըս մեռած,
Տխրությունններըս անուշ ու անբիծ
Եվ ընդմիշտ անդարձ անուրջ ու երազ:
Հիշում եմ խոսքեր, ակնարկներ անձայն,
Մի լուսե պատկեր —ցնորք աղջկա,
Այն ամենը, որ երազ էր միայն,
Այն ամենը, որ չըկա՛ր ու չըկա՛...

ՈՒՇԱՑԱԾ ՍԵՐ

Բուքն է լալիս. հողմ ու ձյուն,
Մառախուղ է և մշուշ. —

Ո՞վ է անվերջ հեծեծում,
Ո՞վ է կանչում այսպես ուշ:

Ո՞վ է շրջում անդադար,
Ու՞մ է կանչում հիմա նա,
Ես հեռու եմ, ես օտար,
Ասացե՛ք՝ թող հեռանա...

Ասացե՛ք՝ թող հեռանա.
Թող մոռանա ինձ հավետ,—
Անդարձություն է հիմա,—
Չկա դարձի արահետ:

Մեկը կորած շիրմիս մոտ
Հեկեկում է և երգում. —
Ո՞ւմ լացն է այն, ո՞ւմ ցավոտ
Երգն է ճերմակ մրրկում...

Իմ շիրիմը հեռավոր,
Ե՛վ մոռացված, և՛ մենակ,
Ո՞վ է հուզում մենավոր
Իր թախիծով շարունակ:

Օտար երկրի դաշտերում,
Ցուրտ գիշերում ձմեռվա
Ո՞վ է անքուն դեգերում,
Անվերջ սգում իմ վրա....

ԱՇՆԱՆ

Նորից անձրև՛, մշո՛ւշ, ա՛մպ,
Թախի՛ծ անհուն, տխրա՛նք հեզ,

Աշո՛ւն, քեզ ի՞նչ քնքշությամբ,
Ի՞նչ խոսքերով երգեմ քեզ...

Քո մշուշը, քո ոսկի
Տերևները հողմավար,
Դյութանքը քո մեղմ խոսքի,
Արցունքները քո զոհար...

Հարազատ են իմ հոգուն,
Վհատությանն իմ խոնարհ,
Ե՛վ թփերը դողդոջուն,
Ե՛վ խոտերը գետնահար...

Եվ քո երգը թախծալի
Իմ սրտի երգն է կարծես,
Աշո՛ւն, քաղցր ու բաղձալի,
Ի՞նչ խոսքերով երգեմ քեզ...

* * *

Հեկեկում է անվերջ,
Հեկեկում.
Մենավոր ու վհատ
Իմ հոգուն
Հարազատ —
Անհատնում, անպատում
Կսկիծով
Հեկեկում է տրտում,
Հեկեկում...

Մշուշոտ ու աղոտ օրերում
Գիշերները երկար ու անքուն

83

Փողոցում, դաշտերում, անտառում.
Անամոք իմ հոգում,
Անանուն և անտուն, և անքուն
Մղկտում է անվերջ,
Հեկեկո՛ւմ, հեկեկո՛ւմ, հեկեկո՛ւմ...

ԱՆԴԱՐՁՈՒԹՅՈՒՆ

Տրջում եմ դարձյալ պուրակում այն հին
Աշնան թախծալի երգով օրորված,
Հողմը փռում է տերևներ դեղին,
Որպես հուշերըս — երա՛զ ու մեռա՛ծ:
Մենակ եմ հիմա, և դու, ո՞վ գիտե,
Ո՞ր կողմերում ես — ժպիտով անուշ —
Նետում ծիծաղիդ կարկաչն արծաթե,
Վառում հայացքիդ դյութանքը քնքուշ...
Եվ գիտեմ, պիտի նորից հայտնվես,
Հիշես խոսքերը վաղուց մոռացված,—
Հըրաշքին պիտի հավատամ և ես
Ու կրծքիդ դնեմ գլուխըս հոգնած...
Բայց երբե՛ք, երբե՛ք էլ չի վառվելու
Ցնորքըս մեռած,— պատկերըդ հեռու...

* * *

Դու գալիս ես մութ գիշերապահին
Եվ լինում ես լուռ.
Ես չեմ հիշեցնում ցնորքներըդ հին,
Չեմ վրդովում քեզ խոսքերով տխուր:

Ես հասկանում եմ քո խենթ աչքերի
Հըրեղեն լեզուն,
Խոնարհ եմ լինում ես, որպես գերի,
Եվ տրտմության սև խոսքեր չեմ ասում:

Վառվում է մոմը դողդոջ փայլերով
Հեռու անկյունում,—
Ելնումես անխոս, հպարտ քայլերով,
Մահապարտի պես այնտեղ ես գնում:

Եվ շշնջում է հագուստը թափվող
Վարագույրի մոտ, —
Փռվում է դառը ցնծության մի դող
Ու ողջ աշխարհը դառնում է աղոտ...

Կանգնում ես դու մերկ, թագուհիդ՝ խոնար
Իսկ ես՝ քո գերին.
Քո թագավորն ու դահիճն եմ խավար
Եվ սահման չըկա չար տանջանքներին...

ԻՄ ԵՐԳԵՐԻՆ

Մարդոց երկրում անտարբեր,
Ցուրտ աշխարհում, արդյոք ո՞վ
Կընդունե ձեզ զգվանքով,
Իմ երազնե՛ր, իմ երգե՛ր...

Այս օրերում ապական,
Կյանքի անարգ խնջույքում —
Ո՞վ կըզգվե կուսական
Ձեր թախիծը իր հոգում:

Ո՞վ վշտաբեկ ու տրտում
Կարձագանքե ձեր խոսքին,—
Ձեր նվագը ցավագին
Ո՞վ կըպահե իր սրտում...

Ո՞ւմ համար եք դուք հնչում,
Մեղեդիներ սգավոր,—
Արդյոք ո՞վ կա հեռավոր,
Որ ձեր ցավով է տանջվում....

* * *

Դանդաղ սահում են օրերը դժկամ,—
Անձրև՛ ու քամի՛,— տրտո՛ւնջ ու թախի՛ծ.
Լույսերըս ոսկի ընկան ու հանգան —
Ցաված է սիրտըս,— փայփայեցե՛ք ինձ…

Լռել է հեռվում երգը ցնծության,—
Եվ գուցե չըկար իմ ծնված ժամից,
Գուցե ես ինքս եմ հնարել նրան,
Որ սուտ հուշերով մխիթարեմ ինձ...

Տխուր ամպերը կամար են կապել. —
Անձրև՛ ու քամի՛,— տրտո՛ւնջ ու թախի՛ծ,
Դուք կարող եք գեթ սուտ սիրով խաբել,—
Հիվանդ է սիրտըս.— փայփայեցե՛ք ինձ...

ԹԱԽԻԾ

Ամայի փողոցում մեգ-մշուշ,
Լռություն է մեռած.
Կարոտ է իմ սիրտը քո անուշ
Գգվանքին, իմ երա՛զ...

Հեռավոր կողմերից, հեռավոր,
Հայտնվի՛ր լուսավառ,—
Անհուն է գիշերըս ահավոր,
Եվ դժնի, և խավա՛ր:

Իմ սերը անարատ է ու խոր,
Իմ հոգին՝ հնազանդ,—
Ամոքիր իմ սիրտը մենավոր,
Իմ թախիծը հիվանդ:

Մահից չեմ վախենում, գալիքին
Նայում եմ հավատով,—
Կարոտ է սիրտըս քո հմայքին
Մաքուր ու հոգեթով:

Աղոթքըս պարզ է և նրբահյուս,—
Մեռնողի վերջին կա՛նչ,—
Հայտնվիր որպես լույս-արշալույս,
Իմ հոգուն մահատանջ...

Ամայի փողոցում մեգ-մշուշ,
Լռություն է մեռած.. —
Հայտնվիր հմայքով քո անուշ,
Իմ երա՛զ, իմ երա՛զ...

***

Տարիներն արագ, ամպերի նման, անցնում են անհետ,–
Մոխիր է հիմա իմ հոգում անուշ երազների տեղ.
Բոլոր հուշերը, բոլոր խոսքերը մարել են այնտեղ,
Եվ այն, ինչ քաղցր էր, մաքուր էր, երազ,– ննջել է հավետ:

Երկար տարիներ իրարից բաժան, հեռու կողմերում,
Դու ինձ մոռացած, ես քեզ հիշելով, կյանք էինք մաշում
Դու ցնո՛րք, երա՛զ, անհաս թագուհի,– ես երկրի փոշում,
Ես մեռա՛ծ, կորա՛ծ, մոլորվա՛ծ հավետ հեռավոր-հեռվում...

ՈՍԿԻ ՀԵՔԻԱԹ

1908-1911

В уме своем я создал мир иной
И образов иных существованье.
Лермонтов

И новый мир увидел я...
Ф. Тютчев

ՀԱՏՎԱԾ

Հոգնատանջ սրտով նստեցի մենակ
Աշխարհում աղոտ,
Անհայտ կողմերի մութ ճանապարհին,
Ավեր շենքերի մոխիրների մոտ,
Աշնան օրերի գունատ մահացող
Ծաղիկների մեջ, ցուրտ հողի վրա,
Ծանր երկնքի տաղտկորեն լացող
Անձրևների տակ. —
Մոռացա բոլոր հոգսերն առօրյա,
Ցանկություններըս ապարդյուն ու սին,
Անմիտ և ունայն տենչերիս ուղին,
Սուտ վարդերն ու սուր փշերը նրա
Մերժեցի ընդմիշտ, մատնեցի մահին,
Անդարձ մոռացա...
Եվ խավարն անհուն, գիշերն անթափանց
Իր լայն թևերը փռեց իմ վրա...
Լուսեղեն և սուրբ սիրո երազը

Խավարչտին կյանքում
Եվ երջանկության ցնորքներըս հին,
Եվ տառապանքի գիշերներն անքուն
Իմ սրտին ընդմիշտ օտար թվացին,
Օտար թվացին...

Եվ չըկար ոչինչ, որ սիրտըս դյութեր. —
Ո՛չ սիրո կարոտ, ո՛չ բախտի ծարավ,
Ո՛չ հարստության և մեծության բեռ,
Ո՛չ ապարդյուն փառք և ո՛չ փայփայող
Ու սրբազան ցավ
Չարչարանքի և ինքնազոհության:
Եվ այնպես անգո՛ւյն, անմի՛տ, ապարդյո՛ւն,
Տաղտկալի՛ և սի՛ն
Թվաց ամեն ինչ աշխարհում անհուն,
Եվ ամենքն ընդմիշտ օտար թվացին
Եվ անդարձ հեռու...
Քար էր իմ սրտում, և ծա՛նր, և ցո՛ւրտ,
Եվ աշխարհին էր քար՝ սառն ու անխորհուրդ...
Երկինքն էր չարիս պաղ արցունքներով,
Լալիս էի ես մերժված ու խռով,
Եվ ցուրտ աշխարհում
Ինքըս իմ սրտին հարազատ չէի —
Ու ծաղր էր թվում հեկեկանքըս չոր...
Ես լալիս էի,
Բայց օտարի պես էի ունկնդրում
Ինքըս իմ հոգուն, ինքըս իմ լացին...
Ու մութ էր շուրջըս և խավարն անհուն, —
Իմ խաբված սրտում՝ մթամած գիշեր,
Եվ պաղ, և ծանըր, ծանըր որպես քար,
Եվ տաղտկությամբ լի և անվերջ երկար,
Անծիր ու անհուն —
Ու ոչ մի հեռվում լույս չէի փնտրում...

Եվ համր էր ընդմիշտ աշխարհն ինձ համար —
Եվ օտա՛ր և մութ. —
Ես ընկած էի անզոր ու մոլոր
Եվ հավետ մենակ և անդարձ մենակ,
Անանուն, անձայն. անծանոթ հեռվում...
Ո՛վ ազատություն հավիտենական,
Մա՛հ, շշնջացին շուրթերըս տկար,
Եվ այդ շշուկը դառը չըրթվաց.

Գրկեցի հողը մի ցուրտ ցանկությամբ,
Եվ նա իմ առաջ բացեց իր գիրկը
Անսուտ զգվանքով.
Եվ գերեզմանի խորշը ցրտաշունչ
Անուշ թվաց ինձ,
Որպես մայրական գիրկը սրտամոք
Պայծառ օրերում,
Որպես հեռավոր երկրում մոռացված,
Մայրական երգի սիրով օրորվող
Թովիչ օրորան...
Մա՛հ, շշնջացի, և սիրտըս նրան
Ընդունեց սիրով, որպես զթառատ
Հեկեկանքը մոր նուրբ կարեկցության.
Եվ հեռացա ես ու հեռացա ես
Մի անհայտ կամքի զորությամբ անուշ
Հեռո՛ւն ու հեռո՛ւն. —
Ողջը մոռացա օտար աշխարհում,
Անդարձ աշխարհում...
Ու խավարն անհուն զգվանքով թեթև
Ծավալվեց շուրջըս ու փռվեց վրաս.
Եվ կյանքըս բոլոր մի երկարատև
Նինջ թվաց հոգուս, մի տխուր երազ. —
Նրբին մի համբույր հեռու օրերում.
Մանկական մի երգ, որ չունի անուն,

Որ չունի անուն...
Ինձ ահեղ թվաց խնդությունըս նոր,
Կարծես մի վերին և նուրբ հրաշքով
Լուսացավ իմ մեջ առավոտն անհուն —
Ու թեթև թվաց կյանքըս երկրային,
Որպես առվակը սարերից իջնող,
Որպես ամպերի շարքը ոսկեղեն
Գարնան արևոտ երկնքում չվող...
Ու թվաց հանկարծ, որ չըկան, չըկան
Անցյալն, ապագան...

Թվաց, որ մի սիրտ իմ վիշտն է զգվում,
Հանգիստ է ասում բոլոր հույզերին,
Բոլոր հույսերին օրոր է ասում,
Օրոր է ասում,
Բաբախուն սիրտըս գրկել է ուզում,
Գգվել է ուզում
Անխաբ խնդության ոսկե երազում...
Թվաց, որ մեկը իմ ցավն է երգում,
Իմ լացն է լսում,
Իմ լռությունն է զգվում իր գրկում. —
Եվ իր մեծ հոգում,
Իր անհուն հոգում՝
Իմ սրտից խորն է թախիծըս զգում...

Ճիչ հանեցի ես սիրով լուսեղեն,
Աղաղակեցի օրհներգու ձայնով,
Սիրտըս նետեցի քարին ու ջրին,
Խառնեցի հոգուս աստղերի երգին,
Պարզեցի կյանքըս պարզ ու խնդագին
Հավիտենությա՛ն,
Հավիտենության...

* * *

Քնքուշ փռված է լուսազարդ շղարշ
Անհայտ կողմերից իմ երկրի վրա,
Դյութել է հոգիս հայացքը նրա
Եվ իմ երգերը համր են ու անվարժ...

Բացված է արդեն մի ուրիշ երկիր,
Ես այստեղ եմ, բայց ուրիշ եմ հիմա,—
Ոսկի հայացքով կախարդել է նա,
Այլ սիրով լցրել հոգիս վշտակիր...

Բաց է իմ դողդոջ սիրտը նրա դեմ,
Խոցված է ոսկի շողերով նրա,—
Նրա կնիքն է իմ հոգու վրա —
Եվ ես հավիտյան ուրիշ եմ արդեն...

* * *

Արշալուսեց իմ երկիրն աղոտ
Եվ իմ գիշերը սնավորված,—
Խորհրդավոր էր և արևոտ,
Եվ անհուն նրա հայացքը պարզ:

Շուրջըս մռայլ էր, և հեռուն մութ,—
Նա իմ սև կյանքում վառեց մի հուր,—
Ամեն ինչ թվաց հեքիաթ ու սուտ,
Չըգիտեմ՝ ե՞րբ էր, չըգիտեմ՝ ո՞ւր...

Նրա խոսքերի մեղմ օրորում
Աշխարհը թվաց ինձ անեղերք,—

Կարծես հնչում էր իմ օրերում
Աստղերի երկրում հյուսված մի երգ...

Ոսկի հայացքով ինձ պարուրեց,
Խաղաղ ժպիտը փռեց վրաս,
Մեղմիվ խոսեց և անուշ լռեց,
Ու թախծոտ կյանքըս դարձավ երազ...

ԳԻՇԵՐԱՄՈՒՏ

Մարգերում իջավ թովիչ կիսամութ,—
Աշխարհը նորից խորունկ է և լայն.
Սահեց լուսնյակի ցոլքը ծածանուտ,
Ու սև ջրերում աստղերը ելան...

Անհաս երկնքից ասեղ առ ասեղ
Ցուրտ ջրերի մեջ սուզվեցին նոքա,—
Դողացին, ընկան — այնտեղ ու այստեղ,
Հյուսեցին իրենց շրջանը ոսկյա...

Լսե՞լ ես արդյոք այս երգը քնքուշ,
Որ մեղմակարկաչ խոսում է չորս դին,
Իրար է խառնում երազ ու վերհուշ
Ու սիրտըդ պարզում քարին ու խոտին...

Լսե՞լ ես արդյոք այս երգը դյութող,
Երբ այրում է քեզ մի անուշ թախիծ,
Երբ քարն ես գրկում, օրհնում ջուր ու հող
Երբ հեկեկում ես անբարբառ բախտից...

***

Խոսքերըդ վճիտ են ու խորունկ,—
Այնպես պա՛րզ, այնպես պա՛րզ ես ժպտամ.
Եվ ահա տրտունջ ու մտորմունք
Հանգչում են մրրկված իմ սրտում...
Ընդունում ես աշխարհը բոլոր,—
Օրհնում ես, օրհներգում ու սիրում,
Եվ խոհերըս, խոհերըս մոլոր
Մոռացված են մեռած օրերում:

Ու թվում է, թվում, որ դու չես
Արևոտ ժպիտով ակնարկում,
Որ ուրիշ լուսով եմ դյութված ես,
Որ քեզ չեմ, ուրիշին եմ երգում...

ԳԱՐՆԱՆ ԵՐԵԿՈ

Անհուն երկնքի կապույտ աշխարհում
Մի քնքուշ թռչուն իր նուրբ ու բարակ
Թևերն է փռում.
Եվ մեկը անտես, շարժումով արագ,
Ոսկի է մաղում, գոհար է ցրում
Կապույտ դաշտերում...

Այրում են սիրտըս անբարբառ երգեր,
Դողում են շուրջըս անխոս, դյութական
Եվ նրբին ձեռքեր
Ինձ են որոնում տենչով կուսական...
Լո՛ւռ... Միրռ համար էլ չըկան երգեր,
Էլ խոսքեր չըկան...

***

Այստեղ ամեն օր տխրությամբ երկար
Իմ սիրտը քեզ է երազում, և այն,
Եվ այն, որ չկա՛ր, և այն, որ չկա՛ր...
Ա՜խ, գուցե կար, բայց արդեն հավիտյան,
Հավիտյան հեռու, հեռու է անհաս —
Եվ դարձել է սուտ, թվում է երազ...

***

Ոսկեցոլուն հայացքիդ
Լույսն է ցոլում այս կյանքում,
Քրոջական պարզ հոգիդ
Միշտ փարված է իմ հոգուն:

Միշտ հնչում է միամիտ
Քո խոսքերի նուրբ լեզուն,—
Քո ժպիտն է անժպիտ
Ուղիներըս փարոսում:

Քո զգվանքը, որ չկա,
Տրտմությունըդ գեղեցիկ,
Հույզըդ մաքուր աղջկա,
Ժպիտներըդ խաբուսիկ:

Ո՞ւր ես, ո՞ւր ես՝ չըգիտեմ,
Բայց ըզգում եմ ամենուր
Քո ըստվերը լուսեղեն,
Քո հայացքը ոսկեհուր...

Դու ես ամեն իրիկուն
Խոցում սիրտըս քո սրով
Եվ ժպտում ես իմ հոգուն
Եվ ամոքում քո սիրով։

Ոսկեցոլուն հայացքիդ
Լույսն է ցոլում այս կյանքում,
Քրոջական պարզ հոգիդ
Միշտ փարված է իմ հոգուն...

* * *

Չըգիտեմ՝ այս տխուր աշխարհում
Ո՛րն է լավ, ո՛րը վատ.
Ես սիրում եմ աչքերըդ խոհուն
Եվ խոսքերըդ վհատ....

Ես սիրում եմ արտերը ոսկի
Եվ դաշտերը պայծառ,
Ես սիրում եմ խորհուրդն այն խոսքի,
Որ չասիր ու անցար...

Միայնակ՝ ես սիրում եմ նստել
Երերուն լույսերում,
Ես սիրում եմ երազ ու ըստվեր. —
Ես իմ սերն եմ սիրում...

* * *

Սիրում եմ աչքերիդ տխրությունը խորին,
Անաղմուկ խոսքերիդ դաշնակները հիվանդ,
Կուսական ամոթխած փայփայանքըդ, որ իմ
Սև օրերն է օրրում խնդությամբ հնազանդ:

Խոսքերըդ կարկաչող, որպես նուրբ մի զգեստ,
Ստվերում են սրտիդ գաղտնիքները սիրուն,—
Քո հոգին չի սիրում մերկություն անհամեստ,—
Դու այնպես ես սիրում, կարծես թե չես սիրում:

Հեռավոր երկրի պես հմայող է հոգիդ,
Անուշ են խոսքերըդ, ժպիտներդ աղջկա,—
Մանկական անպաճույճ երգի պես միամիտ,
Դյութական, որպես այն, որ չըկա, որ չըկա...

* * *

Ես չեմ հիշում՝ ե՞րբ և ո՞ւր
Հանդիպեցի քեզ, ու դու
Վրդովեցիր համր ու լուռ
Հանգստությունն իմ հոգու...

Գիտեմ, գիտեմ այս աղոտ
Երկրում քեզ չեմ գտնելու,—
Դու անհայտ ես, անծանոթ,
Դու հեռո՜ւ ես, դու հեռո՜ւ...

ԱՆՏՐՏՆՋՈՒԹՅՈՒՆ

Արծաթաշող առուն առվին
Ձայն է տալիս ու երգում,
Անտրտունջ է լալկան ուռին,
Ուռին առվի եզերքում...

Շուրջըս ահա գիշեր ու երգ —
Հանգի՛ստ, հեքիա՛թ ու երա՛զ.
Կույս ամպերը՝ ճերմակ ու մերկ,
Աստղերն՝ անո՛ւշ, հեզանա՛զ:

Սի՛րտ իմ հոգնած, մեղմ օրհներգիր
Հնազանդ ու ցնորուն,
Երկինք ու ծով, ամպ ու երկիր,
Այս մարգերն ու այս առուն:

Եղիր դու էլ պայծառ ու հեզ,—
Հեքիա՛թ, հանգի՛ստ ու երա՛զ,
Ծաղկանց ու կույս ամպերի պես,
Աստղերի պես հեզանազ....

Արծաթաշող առուն առվին
Ձայն է տալիս ու երգում,
Անտրտունջ է լալկան ուռին,
Ուռին առվի եզերքում...

* * *

Դու եկար սպիտակ շորերով,
Երբ ձմռան երեկոն իմ սրտում

Իր թախիծն էր փռում ու տրտում
Ժպտում էր մշուշոտ շողերով...

Եվ այնպես անվերջ էր ու դանդաղ
Գիշերիս տաղտկությունը մեռած,
Երբ քնքուշ նետեցիր դու վրաս
Մի անուշ, արբեցնող շամանդաղ:

Փողոցում ձայն չըկա, և իմ տան
Դռները ես ամուր եմ փակել.
Միայն դու կարող ես ինձ փրկել,
Օրերից հուսաբեկ ու տարտամ:

Ցաված է իմ հոգին ու մենակ —
Ձանձրությամբ է լցված մահացու,
Եվ դառն է անունն իմ աստղծու,
Եվ աղոթքըս՝ թունոտ մի դանակ...

Հայտնվի՛ր լուսեղեն ու գերող,
Քո փայլը ծավալիր և կյանքում,
Ամոքի՛ր գիշերներըս անքուն
Քո մաքուր, քո անուշ երգերով...

ԱՐՇԱԼՈՒՅՍ

Դուրս ելա դաշտ —
Կանաչ ծով,
Կանաչ ծով էր, անափ ծով —
Առավոտն էր ժպտում հաշտ,
Բոցավառվում նոր բոցով...

Եվ ուղիներ բյուրավոր,—
Հեռավոր,
Կանչում էին, ակնարկում. —
Նոր էր սերըս, լայն ու խոր,—
Նոր էր աշխարհին իմ հոգում...

Թողի՛ տնակն իմ ավեր,
Մութ ու հին —
Ու հեռացա խնդագին. —
Անհա՛յտ, անհո՛ւն հեռուներ,
Ձեր գիրկն առեք իմ հոգին....

ՈՒՐՎԱԿԱՆ

Մթնշաղային ժամերին, երբ ես,
Ընկնում եմ, հոգնած օրերից ունայն,
Հայտնվում ես դու նուրբ ու լուսերես
Ու հետըս նստում քնքշությամբ անձայն —
Եվ փայփայում ես, օրորում ես քո
Անխոս զգվանքով ամեն երեկո...

Ընդունում եմ քո համբույրը նրբին,
Ուրվականային փայփայանքըդ ես,
Երբ լույս է և մութ-մթնշաղ, երբ իմ
Ցնորքը հիվանդ հնազանդ է քեզ.
Ու քեզ հետ նստած, գիտեմ,— դու չես այն,
Ստվերդ է միայն, ըստվերդ է միայն....

* * *

Մեղմիվ փռվեց քնքուշ մութ —
Խորհրդավոր, թափանցիկ,
Երեկոնե՛ր իմ կապույտ,
Երազնե՛ր իմ փութանցիկ...

Ժանյակները լուսազարդ
Լայն երկնքի ծովերում
Հյուսվածներով անավարտ
Մոռացումս են օրորում...

Ժպիտներով խաղացկուն
Երգն է ձուլվել իմ կյանքին,—
Սեր ու երգ է իմ հոգում,
Սիրո երգ է իմ հոգին...

Իմ սիրո պես խոր ու մեծ
Շուրջըս աշխարհն է ծփում.—
Ոսկի հեքիա՛թ, ո՞վ պատմեց
Քեզ կախարդված իմ հոգուն...

Մեղմիվ փռվեց քնքուշ մութ,
Խորհրդավոր, թափանցիկ,
Երեկոնե՛ր իմ կապույտ,
Երազնե՛ր իմ փութանցիկ...

* * *

Դու հասկացար տագնապները իմ հոգու,
Տրտմությունըս անսպառ.
— Մենք առհավետ շղթայված ենք մեկմեկու։

Կյանքըս մութ էր, հոգիս ցաված ու խավար,
Եվ օրերըս — միայն ցավ.
— Իմ սև երկրում ժպտացիր դու լուսավառ...

Եվ քո փայլով իմ աշխարհը լուսացավ,
Չըկան վիհերն իր անել.
Քաղցր է հիմա, լուսավառված, խինդ ու ցավ
— Ո՞վ կարող է ինձ քեզանից բաժանել...

* * *

Գարնան լուսե ամպի նման՝
Այս խավար կյանքում
Դու նետել ես մի թովչական
Ժպիտ իմ հոգուն:

Մոլոր սրտիս տառապանքի
Անլույս աշխարհում
Դու վառել ես մի այլ կյանքի
Արևոտ հեռուն:

Դրոշմել ես բոցե կնիք
Մեռած իմ հոգում.
Դո՛ւ իմ հավատ, իմ հայրենի՛ք,
Դո՛ւ իմ փրկություն...

* * *

Դու խոսում ես, բայց կարծես,
Դու չես, գիշերն է երգում.

Այնպես նուրբ ես և այնպես
Մեղմ ես, մեղմ ես ինձ գրկում...

Լուսեղեն է խոսքերիդ
Իմաստը պարզ ու խորունկ,
Որպես մեղմ ու անառիթ
Գարնան անուշ մտորմունք...

Եվ անդորր է ձայնը քո,
Հաշտ է թախծոտ իր շեշտով,
Որպես անուշ երեկո՝
Լիքը սիրով ու վշտով:

Դու չե՛ս, դու չե՛ս, հեռավոր
Վարդենիներն են շրշում,
Ծովն է երգում լայն ու խոր
Ոսկեպայծառ մշուշում....

Իմաստուն է և արդար
Օրերի երգն անընդհատ,—
Դառը տանջանք ու դադար,
Եվ սեր, և վիշտ, և հեքիաթ...

Գիշե՛ր, գիշե՛ր, լռությո՛ւն,
Անուշ թախծի լուսե երգ.
Փովի՛ր, փռվի՛ր իմ հոգում,
Խաղաղությո՛ւն անեզերք...

ԳԱՐՆԱՆ ՔԱՂԱՔՈՒՄ

Լցվում է փողոցն աղմուկ ու շարժում,
Դալուկ դեմքերին ծաղկում է ժպիտ,

Փայլում են տներն արևի փոշում,
Երկինք են պարզվում ծառերը վտիտ...
Դեռ չըչորացած բուլվարի վրա
Ճչում են զվարթ մանուկներն արդեն.
Բոլոր խոսքերը խորհուրդ են հիմա
Եվ հայացքները նետ են իրար դեմ...
Մայթի քարերը հարազատ են քեզ —
Քեզ նոր է թվում երգը հնամյա.
Ազատ է հոգիդ, անչար է և հեզ,
Եվ տխրությունըդ անուշ է հիմա...
Ժպտուն աղջիկներ՝ ծաղիկների պես,
Տիկիններ շքեղ և ծիծաղելի —
Բոլորը հիմա սիրելի են քեզ,
Ամեն ինչ անուշ խորհրդով է լի...
Մեռած սրտերն էլ, ծաղիկների պես,
Բացվում են հիմա արևի փոշում.
Մի քաղցր հուզում արբեցնում է քեզ,
Ու, հոգսով մղված՝ հոգսըդ չես հիշում...
Օրհնությո՛ւն քեզ, ե՛րգ, և երա՛զ, և սե՛ր,
Օրհնությո՛ւն քեզ, կյա՛նք անուշ և անհուն,
Օրհնությո՛ւն և քե՛զ, տանջանքի գիշեր,
Եվ երկունք, և մահ — փա՛ռք և օրհնությո՛ւն...

* * *

Դու չքացել ես,
Դու էլ չըկաս,
Սերը ցնորք է,
Բախտը՝ երազ։

Քեզ չըգտա ես
Կյանքում խավար,—

Իմ սիրո լույսն էր
Պատկերըդ վառ:

Քաղցր պատրանք էր,
Խաբող ժպիտ,
Կարոտիս երգն էր
Պայ ծ առ հոգիդ:

Սրտիս երազն էր
Թռվիչ լեզուդ. —
Կյանքը՝ հեքիա՛թ է,
Աշխարհը՝ սո՛ւտ...

* * *

Մին խոսքերի մեջ, զվարթ ամբոխում
Շրջում եմ, բայց միշտ, հեռո՛ւ եմ, չըկամ.
Ապրում եմ թաքուն և իմ հեզ հոգում
Աղոթք եմ անում ցնորք-աղջկան...

Ձեզ հետ եմ, բայց միշտ հեռո՛ւն եմ, հեռո՛ւն,—
Ունեմ ես թովիչ մի առանձնարան, —
Տանջանք է այնտեղ և զոհաբերում,
Եվ թախիծ, և երգ, և աղոթք նրան...

Եվ այնտեղ է նա,— ոչ այս աշխարհում,—
Մաքուր ու պայծառ պատկերը նրա.
Ես տառապանքըս բախտ եմ համարում
Ու ծիծաղում եմ ձեր բախտի վրա...

ԹԱՓԱՌՈՒՄԻ ՍԵՐ

Կշարժեմ նորից քայլերըս տարտամ,
Լապտերների հեզ լույսը կըզգրկեմ,
Զվարթ անցորդին ուրախ կըժպտամ,
Ինքըս ինձ կերգեմ...

Եվ արբած կյանքի անուշ զաղտնիքով,
Ողջույն կըտամ ես ջրին ու հողին,
Կրկանչեմ զվարթ, ու արբուն երգով
Անց ու դարձողին...

Եվ օտար կանանց ժպիտը ծանոթ,
Եվ մեծ քաղաքի աղմուկի հյուսկեն —
Երկար գիշերիս երազում աղոտ
Քունս կըհյուսկեն...

ՓՈՂՈՑՈՒՄ

Գիշերվա փողոցները թափուր
Շրջեցի տրտում ու միայնակ,
Խոհերով և՛ քաղցր, և՛ տխուր,
Երազով դյութական ու հստակ...

Աշխարհում այս աղոտ, ես քնքուշ
Մի հեքիաթ հյուսեցի քո մասին,
Պատկերըդ լուսեղեն ու անուշ
Պարզեցի կյանքի չար երա զին...

Մեկնեցի վիճակըս անժպիտ
Օրերիդ օրորի՛ն, օրորի՛ն,

Կույս հոգուդ խնդության վըճիտ,
Հայացքիդ տխրության խորին...

Անադմուկ, անտրտունջ, անհնչյուն
Գալիս ես ու նորից հեռանում,
Ու հեռվից դյութում ես ու կանչում,
Լուսերե՛ս, անմարմի՛ն, անանո՛ւն...

***

Դառն օրերի տառապանքում սրտմաշուկ,
Խավար կյանքի ուղիներում չարակամ,—
Հոգիս լսեց սիրակարոտ մի շշուկ,
Մեկը սրտիս թաքուն ժպտաց. — «ես կըգա՛մ»:

Տրտունջների խավար ու չար վիհերում,
Ուր հոգնատանջ հոգիս թույլ էր ու փխատ,
Մի անկարծ լույս արշալուսեց մութ հեռուն,
Եվ իմ կյանքը դարձավ անուշ մի հեքիաթ...

ԵՐԿՈՒ ՈՒՐՎԱԿԱՆ

Ես եմ, դու ես, ես ու դու
Գիշերում այս դյութական,
Մենք մենակ ենք,— ես ու դու
Ես էլ դու եմ՝ ես չըկամ...

Չըկան օրերն ահարկու,
Չըկա ժամ ու ժամանակ,

Ուրվական ենք մենք երկու
Միշտ իրար հետ, միշտ մենակ...

Մոռացել ենք անցյալում
Տրտունջ, թախիծ ու խավար. —
Մի ուրիշ լույս է ցոլում
Մեղմ ու անուշ մեզ համար...

Ես եմ, դու ես, ես ու դու
Գիշերում այս դյութական,
Մենք մենակ ենք — ես ու դու,
Ես էլ դու եմ՝ ես չըկամ...

* * *

Մռայլ գիշերն է լռում,
Խավար գիշերն ամենուր,
Ես վառել եմ խավարում
Իմ ճրագը ոսկեհուր...

Ստվերները ծածանուտ
Կերերան ու կըհանգչեն,
Կըզգամ քայլը քո ծանոթ,
Քո խոսքերը կըհնչեն:

Դու անկարծ կըհայտնվես,
Անակնկալ դու կըգաս,
Քաղցր սուտով կըխաբես,
Կըսիրես ու կըգթաս:

Եվ մենության այս միգում,
Ու խավարում այս մեռած

Սեր կրվառես իմ հոգում,
Ազատությո՛ւն ու երա՛զ...

Մեղմաքայլ կրհեռանաս,
Ես կրմնամ միայնակ,
Նորի՛ց, նորի՛ց կրդառնաս՝
Խորհրդավոր ու հստակ:

Մութ գիշերում կրնստեմ՝
Լցված սիրով խնդագին,
Քո գաղտնիքը ես գիտեմ,
Բայց չեմ ասի ոչ ոքին....

Մռայլ գիշերն է լռում,
Խավար գիշերն ամենուր,
Ես վառել եմ խավարում
Իմ ճրագը ոսկեհուր...

ՍԵՎ ՇՈՒՇԱՆ

Դառը կյանքի խավարում,
Ուղիներում իմ դաժան
Սրտիս ժըպտաց քո հեռուն,
Տխուր ծաղիկ, սև շուշան:

Շարժումներըդ երերուն
Եվ հայացքըդ վշտագին.
Վհատության օրերում
Կախարդեցին իմ հոգին:

Ես սիրեցի մենավոր
Տխրությունը քո անխոս,

Ուղիներում հեռավոր
Արշա լուսվող ււև փարոս:

Մոլորումիս գիշերում
Հոգիս գերեց մի նշան,
Դու ես այստեղ ու հեռվում,
Ցնո՛րք ծաղիկ, սև շուշան...

* * *

Անդարձ աշխարհի վարդագույն միգում.
Կյանքի հեռավոր, երազ օրերում,
Մի խորհրդավոր թախիծ էր հսկում,
Մի կարոտ էր իմ սիրտը դեգերում,
Կյանքի հեռավոր, երազ օրերում...

Եվ խավար կյանքի արտուղիներում,
Օտար կողմերի դաշտերում մեռած
Ժպտացին հոգուս՝ դեմքըդ երերուն
Եվ քո խոսքերը — արծաթե երազ,—
Օտար կողմերի դաշտերում մեռած...

Եվ դժգույն կյանքի տխուր երգերում
Իր ցոլքն է նետել քո հոգին պայծառ,
Քո անհաս փայլն է իմ հոգին այրում
Եվ գիշերներիս խավարում անծայր
Կանչում է դեպի անհայտ քո հեռուն...

ՀՆԱԶԱՆԴՈՒԹՅՈՒՆ

Օրորված է հոգիս ձմեռվա
Օրերի օրորով, ու անուշ
Թախիծն է ծավալվել իմ վրա,
Եվ նուրբ է իմ կյանքը, որպես հուշ:

Իմ սրտի թագուհին հեռավոր,
Հեռավոր կողմերում է հիմա,
Պարզել եմ երազներըս բոլոր,
Ցնորքներըս բոլոր դեպի նա:

Ու թեև գիտեմ, որ մենք բնավ
Չըպիտի հանդիպենք իրարու,
Բայց արդեն իմ սրտում չըկա ցավ,—
Օրհնում եմ նրա կյանքը հեռու:

Եվ աշխարհը պայծառ է նորից,
Երկիրը հարազատ է դարձյալ,
Օրորում են անուշ մի թախիծ,
Եվ գալի՛ք, և ներկա՛, և անցյա՛լ...

Օրորված է հոգիս ձմեռվա
Օրերի օրորով, և անուշ
Թախիծն է ծավալվել իմ վրա,
Եվ նուրբ է իմ կյանքը, որպես հուշ...

* * *

Չկա ոչինչ, որ այնքան
Թովիչ լինի, որպես քո
Տխրությունը կուսական...

Խորն է կյանքն այս երեկո,—
Եվ պայծառ է, և տխուր,
Որպես թախծոտ սերը քո...

Եվ հայացքըդ ոսկեհուր
Մթնում իմ սև գիշերվա,
Իր անսահման, իր մաքուր
Հույսն է փռում իմ վրա...

* * *

Կապույտ ծածկոցն իջավ ցած, —
Մեղմ ու անուշ իրիկո՛ւն,
Վառիր լույսըդ, վաղ անցած,
Լուսե ցնորք, իմ հոգում:

Ամայացած իմ սրտում,
Մենության մեջ իմ սև տան,
Փռիր քնքուշ ու տրտում
Ժպիտը քո խնդության:

Թույլ տուր նորից սիրելու
Առօրյական աշխարհում,
Արշալույսը քո հեռու,
Հայ տնությունըդ հմայուն:

* * *

Իրիկնաժամի կիսախավարում,
Կապույտ լույսերի ցոլքերում ճոճուն,

Հայտնվում է նա, մեղմագին փարվում,
Գունատվում է լուռ ու էլ չի շնչում:

Ծանոթ է ինձ այն ժպիտը անհույզ,
Եվ այն պատկերի գծերը նրբին,
Եվ այն հայացքը մեղմ ու ոսկեւույս,
Եվ երգը անխոս և իրիկնային:

Նստում ենք անվերջ մենք մեկ-մեկու մոտ
Եվ չեմ հավատում, որ նա է, որ նա...
Այնքան թովիչ է, այնքան անաղոտ,
Ցնորք է կարծես, պիտի հեռանա...

* * *

Դու անուն չունես, քեզ ինչպես կանչեմ,
Եվ ուղի չըկա երկիրըդ գալու.—
Տխուր երգերըս որքան էլ հնչեն,
Որքան էլ հնչեն, քեզ չեն հասնելու:

Ոչ հըմայական աղոթքներ և ոչ
Նվագներ գիտեմ, որ սիրտըդ դյութեմ,—
Հլու է կամքիդ իմ սիրտը դողդոջ,
Իմ սիրտը բաց է քո նիզակի դեմ:

Փռված եմ ահա քո գեղեցկության,
Քո անքննելի կարողության դեմ.
Լուսավորի՛ր սև համրությունն իմ տան.
Ամբողջ աշխարհը քո ցոլքն է արդեն:

Հայտնվի՛ր անհուն փայլով ու փառքով,
Ժպիտըդ փռիր իմ երկրի մթնում.

Տանջի՛ր ինձ վերջին քաղցր տանջանքով,
Քեզ գո՛վք, քեզ օրհնե՛նք, քեզ փա՛ռք անհատնում...

ՁՄՌԱՆ ԳԻՇԵՐ

Տխրությունս անուշ է, որպես
Հեռավոր, հեռավոր կարկաչյուն.
Այնպես մեղմ է իմ սերն ու այնպես
Անուշ է նա իմ սիրտը տանջում:

Չեմ ուզում ոչ անցյալը հիշել,
Ոչ գալիք օրերին նետել հույս,
Հանգիստ է իմ շուրջը և գիշեր,
Ու սիրտըս չի տենչում արշալույս:

Անդորրել է աշխարհը բոլոր,
Դուրսը ձյուն է գալիս, փողոցում
Գիշերը, և՛ հանգիստ է, և՛ խոր,
Ու սիրտըս առավոտ չի ուզում:

Մաքուր է իմ հոգին ու հիմա
Օրհնում եմ վիճակըս երկրային,
Ընդունում եմ սիրով կյանք ու մահ
Ու սիրտըս պարգում եմ աշխարհին...

Անչար է իմ հոգին ու հանգիստ,
Գիշերը անդորր է, դուրսը ձյո՛ւն.
Նջեցեք հավիտյան, վերք ու վիշտ,
Ծավալվի՛ր, լուսեղեն մենություն...

***

Այս գիշեր նորից լալիս էր քամին
Իմ դռան առաջ, իմ պատերի տակ,
Միրտըս լցված էր կարոտով հստակ,
Անուշ ցավով ու երգերով իմ հին:

Մի գարնան հեքիաթ, քո վրա հյուսված,
Հնչում էր դարձյալ իմ դյութված սրտում,
Եվ լուսեղեն էր գիշերըս արթուն,
Եվ սիրտըս տխուր սիրով էր լցված:

Չէի տրտնջում, որ անցել ես դու,
Անհայտացել ես օրերում մեռած,
Որ չըկաս արդեն, դարձել ես երազ,
Անդարձ ու անհաս, հեռո՜ւ և հեռո՜ւ...

***

Եթե կողմերում հեռու-հեռավոր
Վրդովվի հոգիդ, տիրե քեզ հուզում՝
Գիտեցիր, որ իմ սիրտը մենավոր,
Մթնում մոլորված, քեզ է երազում:

Եվ եթե սիրտըդ սիրով թրթռա,
Եվ զգաս անհայտ երգի մի հնչյուն՝
Այն ես եմ անվերջ խորհում քո վրա,
Հեռավոր-հեռվից կարոտով կանչում:

Գարնան օրերի ժպիտով սիրուն
Ոսկի հայացքըդ ժպտում է հոգուս,

Հուսավառված է իմ սև օրերում
Անուշ անունըդ, որպես արշալույս...

* * *

Ես նստում եմ մենակ, մեն-մենակ,
Եվ անվերջ երազում, ու կրկին
Այս կյանքի աշխարհում դժգունակ
Իր զարդերն է փռում իմ հոգին:

Ես գիտեմ լուսեղեն մի երկիր,
Ես գիտեմ դյութական մի հովիտ,
Ուր հոգին թափում է վշտակիր
Իր թևերն ու հագնում է ժպիտ:

Ես գիտեմ մի թռվիչ առասպել,
Ուր ողջ կյանքը հրաշք է դառնում.
— Քո անուշ անունով միշտ արբել
Եվ երգով, որ բնավ չի մեռնում...

ՀԱՆԴԻՊՈՒՄ

Անհայտ կողմերից անտես թևերով,
Հրաշքով անուշ դու վերադարձար,
Շուրջըս փռեցիր քո վիշտը պայծառ,
Գգվեցիր հագիս տխուր խոսքերով...

Հիվանդ կարոտիս հրաշք-երազում
Թվաց, որ դու էլ թույլ ես ու վհատ,

Որ դու էլ ես իմ կարոտով հիվանդ,
Որ քո սիրտն էլ է հրաշք երազում...

Պարզեցինք իրար սրտներըս տխուր
Եվ չըպահեցինք արցունքներըս տաք,
Մեր տխրությունը մեղմ էր և հստակ,
Ու շուրջն աշխարհը և՛ կար, և՛ չկար...

ԴԱՇՏԵՐՈՒՄ

Հեռածավալ դաշտերում,
Մոռացված ու մենավոր,
Մոռացել եմ ես հեռվում
Աղմուկները հեռավոր:

Լուռ նստում եմ առվի մոտ,
Անուշ հեքիաթ եմ լսում,
Երեկո և առավոտ
Խաղաղ սրտով երազում:

Գիշերն իր ծովն է փռում,
Արշալույսն՝ իր ծիրանին,
Եվ իմ հոգում և հեռվում
Քո ցնորքն է անմարմին:

Քո հեքիաթն եմ պարզել ես
Այս աշխարհի հեքիաթում
Եվ աղոթել անվերջ քեզ,
Երկրպագել իմ սրտում:

Թափառում եմ և երգում,
Աշխարհը՝ մեծ, սիրտըս՝ լայն,

Քո ցնորքն է ինձ գրկում,—
Ոսկեղեն ու դյութական:

ԽՈՐՀՐԴԱՎՈՐ ՄԵՐ

Իմ մեռած հարսնացուն ամեն օր,
Երբ խաղաղ երեկոն է փռվում,
Հայտնվում է անհայտ, հեռավոր
Իր երկրից ու կրծքիս է փարվում:

Մեռնելիս նա ասաց՝ ես կըգամ,
Մեկնելիս նա թողեց մի ավանդ.
Ու գալիս է որպես ուրվական,
Փայփայում է իմ սիրտը հիվանդ:

Համբուրում է շուրթերը իմ ցուրտ,
Շշնջում է խոսքեր դյութական,
Ինձ հայտնում է պայծառ մի խորհուրդ
Ու նորից շշնջում՝ ես կըգամ:

Երբ մեռնում են ճիչերը շփոթ
Աղմկոտ քաղաքի մարտկոցում,
Լուսերես նա նստում է ինձ մոտ
Ու հետըս երազում ու լացում:

Իրար հետ կյանքի երգն ենք լսում,
Իրար հետ ամեն օր մինչև լույս
Թովչական երազներ ենք հյուսում
Ու դյութված շշնջում — արշալո՛ւյս...

***

Դուրսը ցուրտ է հիմա
Եվ խավար և մրրիկ,
Այսօր մի՛ հեռանա,
Մոլորվա՛ծ իմ քույրիկ:

Մոլորվա՛ծ իմ քույրիկ,
Հոգնած ու մենավոր,
Դուրսը՝ չար փոթորիկ,
Դուրսը մութ է այսօր:

Թող ցոլա՛ մեղմորեն
Այս հուրը տխրաբոց,
Թո՛ղ, որ մեղմ օրորեմ
Քո հոգին ալեկոծ:

Լուսեղեն այն խոսքով,
Որ այսօր ես գիտեմ,
Այն անուշ հրաշքով
Քո սիրտը կըղյութեմ:

Մի կրակ լուսատու
Քո սրտին կընետեմ,
Որ հզոր լինես դու
Կյանքի և մահու դեմ:

Հեռավոր մի փարոս
Կըվառեմ քո հոգում,
Սև կյանքի ալեկոծ
Խավարում ու մեգում:

Դուրսը ցուրտ է հիմա
Եվ խավար, և մրրիկ,

Այսօր մի՛ հեռանա,
Մոլորված իմ քույրի՛կ:

***

Երբ կյանքը սուր փշերով
Կարյունոտե քո հոգին,
Հիշի՛ր, որ սուրբ հուշերով
Շղթայված ես դու մեկին:
Երբ մենք հեռու կըլինենք,
Երբ կանջատվենք առհավետ,
Հիշի՛ր, որ կա սրբազան
Հանդիպումի արահետ:
Հիշի՛ր, որ երբ մի անգամ
Մահին հաղթեց խնդագին,
Էլ չի կարող մոռանալ
Ակնթարթն այն մեր հոգին:
Քո խոսքերը սրբազան
Չեն խավարիլ խավարում,
Շուրջը, շուրջը ամեն ինչ
Կերգե անդարձ քո հեռուն:
Դու կըլինես իմ հողում,
Դու ամեն տեղ կըլինես,
Որպես քաղցր մի խոկում,
Ե՛վ անմարմին, և՛ անտես:
Մեզ ամեն ինչ այս երկրում
Հմայում է և խաբում,
Բայց կա անհաս մի բերկրում,
Հրաշք-անկարծ հանդիպում...
Երբ կըլինենք մենք հեռու,
Անվերադարձ և օտար,

Հիշի՛ր, որ ինձ մի անգամ
Հավերժաբար դու գտար...

ԻՄ ՑՆՈՐՔԻՆ

Անե՛յլա, ոչ ոք դեռ չի համբուրել
Շուրթերըդ մուսքուր, կուրծքըդ դողդոջուն,
Ո՞վ է քո անուշ աչքերը վառել
Այս աղջամուղջում...

Խավար օրերի երազում դժգույն
Հայտնվում ես դու արշալույսի պես,—
Պոետը քեզ է երազում անքուն
Ու պաշտում է քեզ:

Գեղեցկությունըդ վառված է բոցե
Դաշույնի նըման սև կյանքի վրա. —
Թող կարոտ սիրտըս մահացու խոցե
Եվ թող չերերա...

Գեղեցկությանըդ, որպես մահապարտ,
Երկրպագում է բանաստեղծը միշտ
Եվ ողջունում է խնդությամբ հպարտ
Տառապանք ու վիշտ:

Անե՛յլա, ոչ ոք դեռ չի համբուրել
Շուրթերըդ մաքուր, կուրծքըդ դողդոջուն,
— Ո՞վ է քո ոսկի ժպիտը վառել
Այս աղջամուղջում...

ՀԱՅՏՆՈՒԹՅՈՒՆ

Գարնան անուշ աղմուկով,
Գարնան երգով դու եկար.
Փայլով, փառքով ու շուքով,
Խնդությունով խելագար....

Սիրտըս անուշ խոցեցիր
Արևավառ քո սրով,
Մն օրերըս այրեցիր
Գեղեցկությամբ ու սիրով:

Սիրտըս լիքն էր մութ մեգով,
Սիրտըս թույլ էր ու տկար,—
Գարնան անուշ աղմուկով,
Գարնան երգով դու եկար...

ԱՌԱՎՈՏ

Այսօր դու քաղցր ես նայում, առավո՛տ,
Եվ դյութական է համբույրը քո զով,
Եվ լայն է բացված հեռուն արևոտ,
Ու գինով եմ ես մի նոր երազով...

Ելնել ճանապարհ, խնդուն հեռանալ,
Զվարթ և թեթև թափառել ազատ,
Եվ ո՛չ հայրենիք, ո՛չ տուն ունենալ,
Ո՛չ անուն, ո՛չ զենք, ո՛չ փառք, ո՛չ արծաթ...

Սիրել ու կրկին սիրել խնդագին,
Փայփայել քնքուշ, լինել հարազատ,

Հեռանա՜լ, դառնա՜լ կրկին ու կրկին,
Անհուն աշխարհում բացսիրտ և ազատ:

Ողջունել սիրով անց ու դարձողին,
Օրհներգել կյանքը, աշխարհին ժպտալ,
Հարազատ լինել ջրին ու հողին
Եվ անհուն սիրով սիրել ու գթալ...

Մութ հավերժության դառնությունն զգալ,—
Եվ թախծել անհուն և անչար լինել,—
Մեռնող մանկան մոտ դառը հեկեկալ,
Բաց շիրմի առաջ ողջ կյանքը օրհնել...

Մեռնել անտրտունջ հնազանդության
Մեղմագին երգով, ժպիտով քնքուշ. —
Զգալ, որ ողջը հեքիաթ է միայն,
Ցնորք է անվերջ, երազ է անուշ...

ԿԱՐՈՒՍԵԼ

Պտտվի՛ր, պտտվի՛ր, կարուսել,
Ես քո երգը վաղուց եմ լսել...

Հեքիաթ էր, և հմայք, և անծիր
Խնդություն մշուշում վարդագույն,
Դու նենգոտ քնքշությամբ ժպտացիր
Արևոտ ժպիտով իմ հոգուն...

Սիրո խոսք, և համբույր, և խոստում...
— Արբեցե՛ք այս անուշ համերգում,—
Արդյոք մե՞նք, թե՝ խոսքե՞րն են ստում,
Արդյոք մե՞նք, թե՝ աշխարհն է երգում:

Պտտվի՛ր, պտտվի՛ր, կարուսել,
Ես քո երգը վաղուց եմ լսել...

Կար հեռու մի երկիր թովչական,
Արև էր ոսկեղեն աշխարհում.
Շողացին, ժպտացին — էլ չըկան,
Էլ չըկան պատրանքները սիրուն:

Ե՛վ թախիծ, և՛ տրտունջ, և՛ տանջանք,
— Դո՞ւ ես այն, թե՝ աշխա՞րհն է լացում. —
Խավարիր, խաբուսիկ անրջանք,
Հեռավոր օրերի հիացում...

Պտտվի՛ր, պտտվի՛ր, կարուսել,
Ես քո երգը վաղուց եմ լսել...

Կար մի երգ հեռավոր աշխարհում,—
Դու այն երգն ես կրկնում հեռավոր —
«Ես սիրում եմ, դու ինձ չես սիրումս,
Եվ հին են քո խոսքերը բոլոր...

Եվ այն վալսը՝ «Անդարձ ժամանակ»,
Ծառուղին՝ ամայի պուրակում,
Ե՛վ գիշեր, և՛ համբույր, և՛ լուսնյակ.
Տաղտկալի՛, ձանձրալի՛ պատմություն...

Պտտվի՛ր, պտտվի՛ր, կարուսել,
Ես քո երգը վաղուց եմ լսել...

Պարում են խելագար խնջույքում,
— Ով կուզե՝ թող գաղտնիքն իմանա,—
Ոչ վե՛րջ կա, ոչ ըսկի՛զբ այս երգում,—
Երեկ՝ ես, այսօր՝ դու, վաղը՝ նա...

Պտտվի՛ր, պտտվի՛ր, կարուսել,
Ես քո երգը վաղուց եմ լսել...

ՇՇՈՒԿ ՈՒ ՇՐՇՅՈՒՆ

Աշնան մշուշում շշուկ ու շրշյուն,
— Բարդիներն են բաց պատուհանիս տակ,—
Դու ես, որ դարձյալ թախիծով հիշում,
Կանչում ես նորից կարոտով հստակ:

Անտես ու հուշիկ իմ շուրջը շրջում,
Եվ շշնջում ես, և անուշ շրշում,
Պայծառ տրտմությամբ ինձ ես անրջում
Ու գաղտնի սիրով սիրում ու հիշում:

Ամպերը ճերմակ երամով անցան
Թռչունների պես,— լուսեղե՛ն երազ,—
Դո՛ւ ես, որ դարձյալ ժպտացիր անձայն
Քո հեռու հեռվից, անհայտ ու անհաս:

Ջրերն են անվերջ միգում հեկեկում,
— Իմ սիրտն է լալիս կարոտով անհուն,—
Թվում է, որ դու տխրությամբ անքուն
Ինձ ես որոնում աղոտ աշխարհում:

Եվ ժպտում ես ինձ, ակնարկում քնքուշ
Ու գաղտնի սիրով սիրում ու հիշում,
Եվ շշնջում ես, և շրշում անուշ,
Անտես ու հուշիկ իմ շուրջը շրջում:

* * *

Դու կգաս ու կրկին հեքիաթով կդյութես,
Լուսերես կըցրես մառախուղն իմ հոգու,
Ոսկեշող հայացքով և քնքուշ խոսքերով, որ գիտես միայն դու։

Կըփարվես մեղմորեն, կըփոես, կըվառես անթառամ
Կուսական աշխարհիդ ծաղիկներն անձանոթ,
Կընստենք իրար մոտ, և հեռու կլինի առօրյան միաձայն ու աղոտ։

Ու թախիծն՝ իմ սրտից, մութ խոհերն՝ իմ հոգուց կըգնան
Լույսիդ դեմ կըցրվեն ըստվերները մռայլ,
Տառապանքը քեզ հետ՝ քաղցր հուշ, և խոսքերը՝ խորհուրդ կըդառնան, կըհագնեն ուրիշ փայլ։

Մթագին գիշերում, աշխարհում մթամած, խավարում,
Կըվառենք չմեռնող, չմարող կըրակը մեր հոգու,
Մեր ողջույնը սիրով կընետենք և՛ մարդկանց, և՛ երկրին, և՛ հեռուն ես ու դուն։

ԱՐԵՎԱԾԱԳ

Ես կանգնած եմ վայրի ժայռի կատարին,
Բա՛րձր, բա՛րձր,— հեռավոր ու մենավոր.
Այնտեղ, ցածում, դեռ նիրհում են դաշտ ու ձոր,
Դեռ խավար է այնտեղ՝ դաժան ու լռին։
Սակայն շուտով կատարներից հեռանիստ
Արևն այնտեղ հուր կըթափե և ոսկի,
Եվ կըցնծան դաշտերը՝ լուռ ու հանգիստ,

Երկիրն անհուն կարոտ կյանքի և խոսքի:
Եվ դու կերգես, զարթնած աշխարհ, իմ առաջ,
Կարձագանքես իմ ողջույնին սիրառատ,
Կըլսեմ ես դարձյալ աղմուկ ու շառաչ
Ու կըսիրեմ հեքիաթային առօրյադ:
Լռություն է, մութ է այնտեղ, սակայն իմ
Սրտում արդեն արշալույս է՝ հարությո՛ւն.—
Ողջո՛ւյն ձեզ մութ ուղիներում երկրային,
Իմ եղբայրնե՛ր, հեռուներում և բանտում...

ՎԵՐԱԴԱՐՁ

1

Մենության խավար զնդանից կրկին
Ես վերադարձա հզոր ու հպարտ,
Եվ ինձ ողջունեց աղմուկը զվարթ,
Ու նոր խնդությամբ այրեց իմ հոգին...

Անխոս տանջանքիս գիշերում անքուն
Իր հուրը վառեց պայծառ մի կարոտ —
Նոր սիրով լեցուն՝ դարձա ես ձեզ մոտ,
Եվ նոր երգեր են հնչում իմ հոգում:

Եկա, որ այստեղ ձեզ համար այսօր
Հըրեղեն խոսքեր կռեմ ու խնդում,
Լսեմ հաղթական մարտի ցնծություն,
Տեսնեմ շարքերը ձեր հզորազոր:

Եվ լուսաբացինք երբ հոգնած լինեք,

Երբ քնած լինեք թշնամուց խաբված,
Արևածագի ցնծությամբ արբած,
Կանչեմ ձեզ, ճչամ՝ եղբայրնե՛ր, ելե՛ք...

2

Միշտ նույն խոհերի շշուկին հլու,
Միշտ նույն կարոտի կսկիծը պահած՝
Ես դուրս եմ գալիս նորից շրջելու
Նեղ փողոցներն ու կրկեսները բաց:

Շփոթ նվագով աղմուկ ու սուլոց
Շարժում են առաջ օրը ծրաջան —
Բոցոտ խնջույքում, ձուլված խինդ ու կոծ,
Հյուսել են կյանքի կախարդված շրջան:
Հապճեպ հոսանքում և՛ մարդ, և՛ անիվ,
Ալեկոծությամբ մի խայտանկար
Խենթ փողոցների բավիղներն անթիվ
Ջրերի նման խառնում են իրար:
Ամեհի ձայնով երկաթն է խոսում,
Պողպատն է ճչում շաչյունով դողդոջ —
Եվ բազմաղաղակ օրերի լեզուն
Հնչում է այստեղ, որպես մարտակոչ:

Այս աղմկահյուս կյանքի խենթ բոցում
Այրում է սիրտըս սրբազան մի դող,
Հուզում է հոգիս մի վեհ հիացում,
Եվ սարսափելին՝ թվում է դյութող...
Մաշված է կյանքըս վշտում անաղարտ
Եվ տառապանքի օրերում համառ,
Բայց ցաված սիրտըս բացել եմ հպարտ,
Նորից ու նորից սիրելու համար:
Ուզում եմ, վաղվա ցնծության գուշակ՝

Կարոտըս նետած լուսեղեն հեռուն,
Վառե՜լ երգերըս, որպես դրոշակ,
Ու մեռնե՜լ, որպես հերոսն է մեռնում...

Զարթե՛ք, երգեր իմ, ժամ է հնչելու,
Զինելու նորից գնդերը ցրիվ,
Մեռած սրտերը կյանքի կոչելու
Եվ բորբոքելու, զայրույթ ու կռիվ...

ԳԻՇԵՐԱՄՈՒԹ

Մարգերում իջավ թովիչ կիսամութ,—
Աշխարհը նորից խորունկ է և լայն.
Սահեց լուսնյակի ցոլքը ծածանուտ,
Ու սև ջրերում աստղերը ելան...

Անհաս երկնքից ասեղ առ ասեղ
Ցուրտ ջրերի մեջ սուզվեցին նոքա,—
Դողացին, ընկան — այնտեղ ու այստեղ,
Հյուսեցին իրենց շրջանը ոսկյա...

Լսե՞լ ես արդյոք այս երգը քնքուշ,
Որ մեղմակարկաչ խոսում է չորս դին,
Իրար է խառնում երազ ու վերհուշ
Ու սիրտըդ պարզում քաղին ու խոտին...

Լսե՞լ ես արդյոք այս երգը դյութող,
Երբ այրում է քեզ մի անուշ թախիծ,
Երբ քարն ես գրկում, օրհնում ջուր ու հող
Երբ հեկեկում ես անբարբառ բախտից...

* * *

Դու քնած ես քո տաքուկ անկողնում
Եվ արև բախտի երազ ես տեսնում
Դուրսը բքաբեր քամին է տռնում,
Դուռ ու լուսամուտ ձյունով է լցնում...
Դու քնած ես քո տաքուկ սենյակում,
Իսկ ես ցուրտ ձմռան բուք ու հողմի մեջ
Խենթ հեկեկանքով դռներն եմ թակում,
Քո փակ դռները անվերջ ու անվերջ:
Դու ինձ չես տեսնում լուսե երազում,
Դու ինձ չես լսում ձմռան փոթորկում,
Ես մութ գիշերում քե՛զ եմ երազում,
Բուք ու հողմերում ես քե՛ղ եմ երգում...

* * *

Խաղաղ գիշերով դու կըգաս ինձ մոտ,
Քնքուշ ձեռներըդ ես կըհամբուրեմ ,
Կըցրեմ կյանքի հուշերը ցավոտ
Ու հեքիաթային լույսեր կվառեմ...
Երկար մազերդ կարձակես ազատ,
Հիվանդ գլուխըդ կըդնես կրծքիս
Կըլինես քնքո՛ւշ, մոտի՛կ, հարազատ,—
Անուշ խոսքերով կըդյութես հոգիս...
Պայծառ աշխարհում կըլինենք մենակ,
Ցավ կյանքի մեռնող լույսերից խաբված,
Կերազենք անհուշ, անվերջ ու անհագ,—
Հեքիաթ աշխարհում առհավետ կապված...

* * *

Տխուր մեռան կապուտաչյա
Երազները երկնաշող.—
Գագաթներից ես ցած իջա
Անդունդները սիրտ մաշող...
Էլ ոչ մի թև ինձ չի տանի
Դեպի բարձունքն արծաթյա.
— Խենթ անկումիս գերեզմանի
Խավարներում ինձ գթա՛ ...
Ցուրտ է դարձյալ, մութ՝ իմ ուղին,
Սրտումս մահ և աշուն՝
Մոռացել եմ ես ամենքին,
Միայն քեզ եմ ես հիշում...
Միայն քե՛զ եմ ես աղոթում,
Քո հրաշքին անպատիր. —
Հայտնվի՛ր սև անապատում —
Ամոքիր ու ազատվիր...

* * *

Քո մազերի ցնորական փայլը պայծառ,
Ժայռից իջնող ջրվեժի պես առատահոս,
Քո աչքերի խորությունը հրդեհավառ,
Ուր վառված են մութ ցանկության ջահեր անխոս,
Քո ժպիտը թունոտ ծաղկանց բույրի նըման,
Որ տիրաբար արբեցնելով մահ է բերում,
Քո խենթ մարմնի սարսուռները երջանկության
Ախտաբորբոք արևներ են բոցավառում...
Թույլ տուր սուզվեմ քո աչքերի անդունդը մութ,
Թույլ տուր ծծեմ քո մազերի բուրմունքն անուշ,

Բորբոքի՛ր ինձ քո հույզերով քաղցր ու անզուր,
Մարիր իմ մեջ, մարիր իմ մեջ ցրնորք ու հուշ...

* * *

Ես արդեն երբեք չեմ մոռանալու
Աչերըդ անզոր և անօգնական,
Ձեռնիկներըդ թույլ և թափված հլու՝
Մեռնող թռչնակի թևերի նըման:
Եվ լռիկ լեզուդ և հոգի մաշող
Նմանությունն այն կիսաժպտալու,
Երեսըդ մաքո՛ւր, բարա՛կ, լուսաշո՛ղ-
Ես արդեն երբեք չեմ մոռանալու...

* * *

Կըգան մայիսներ - վարդեր կըփթթեն,
Կըզնգա կրկին համրացած առուն.
Թևերով թեթև թռել է արդեն
Իմ արտույտն անուշ, թռել է հեռուն:
Ձմեռները նոր ձյուներ կըբարդեն,
Ձյուներից կրկին կըբացվի գարուն,
Ծաղիկ-աչքերը կրկին կըթարթեն,
Լոկ դու կըմնաս շիրմի խավարում:
Ա՜խ, եթե լիներ երկնային աշխարհ,
Եվ թռած լիներ քո հոգին պայծառ
Այնտեղ, ուր մաքուր երանության մեջ
Ապրում են այնքան լուսե հոգիներ
Եվ ժպտում երկնի աստղերից անշեջ,-
Ա՜խ, եթե լինե՜ր, ա՜խ, եթե լինե՜ր...

***

Պահում էի վառ միշտ կրակը,
Բալիկս հուր էր սիրում-
Բայց մահն այնպես արագ է,
Կրակն էլ չեմ վառում:

Մթնում այս նստել ու լալ,-
Ի՞նչ է մնում ինձ, էլ ի՞նչ,
Բալիկ իմ, լավ իմ, զուլալ,
Աստղիկ իմ ջինջ...

***

Հրեշտակներ քնքուշաթև
Կըզան կիջնեն իմ խուցը խեղճ,
Եվ երգերով լույս ու թեթև
Մեզ կըփայեն տխրության մեջ:
Արդարություն չըկա երկրում,
Բայց կա վերին մի ամոքում,
Երբ աշխարհի խոսքն է լռում,
Եվ զրկում է լույսը հոգուն...
Երբ հեռանանք մի անդրաշխարհ,-
Հավատում եմ ես գալիքին,-
Հրեշտակներ կըփայեն հար
Ինձ ու անբախտ իմ բալիկին...